互联网
教育资源建设实践研究

魏学智 陈 静 ◎著

吉林大学出版社
·长春·

图书在版编目（CIP）数据

互联网教育资源建设实践研究 / 魏学智，陈静著. —长春：吉林大学出版社，2023.3
　ISBN 978-7-5768-1664-8

Ⅰ.①互… Ⅱ.①魏… ②陈… Ⅲ.①网络教育—教育资源—资源建设—研究 Ⅳ.① G434

中国国家版本馆 CIP 数据核字（2023）第 084017 号

书　　名：互联网教育资源建设实践研究
　　　　　HULIANWANG JIAOYU ZIYUAN JIANSHE SHIJIAN YANJIU

作　　者：魏学智　陈静　著
策划编辑：李伟华
责任编辑：王宁宁
责任校对：郭湘怡
装帧设计：中北传媒
出版发行：吉林大学出版社
社　　址：长春市人民大街 4059 号
邮政编码：130021
发行电话：0431-89580028/29/21
网　　址：http://www.jlup.com.cn
电子邮箱：jldxcbs@sina.com
印　　刷：廊坊市海涛印刷有限公司
开　　本：710mm×1000mm　　1/16
印　　张：15.75
字　　数：190 千字
版　　次：2023 年 6 月　第 1 版
印　　次：2023 年 6 月　第 1 次
书　　号：ISBN 978-7-5768-1664-8
定　　价：80.00 元

版权所有　翻印必究

前　言

　　互联网教育资源建设的关键词是"教育资源",对这一概念的界定是本书研究的逻辑起点,这在很大程度上决定了本书的核心议题——互联网教育资源建设实践。

　　在《教育大辞典》中,教育资源也被称为教育经济条件,它的含义主要包括两个方面:一方面指的是教育过程中所占用、使用和消耗的人力、物力和财力资源,也就是教育的人力资源、物力资源和财力资源的总和;另一方面指的是关于教育过程的历史经验或者有关教育的所有信息资料。

　　事实上,开展教育活动需要一定的基础和条件,这些基础和条件就是教育资源。所谓教育资源,是指作用于经济社会发展和社会进步的人力、物力和财力,涵盖的范围非常广泛,不仅包括非生命的各类实物,还包括具有能动性的有生命的人力资源。就本书所讨论的对象而言,我们力争在非常接近的意义上使用教育资源、教学资源和学习资源等术语,并缩小其范围以实现精确化描述。据此,本书所讨论的教育资源,指的就是蕴含大量教育信息并能创造出教育价值的各类资源,特别是那些在互联网上以数字信号为载体进行传递的教育信息,即本书所称的"互联网教育资源"。

　　对于互联网教育资源建设,要采取共建共享的运作方式,并合理开发和使用网络资源,还要建立资源应用反馈系统。比如,共建共享方式,就要首先确立好教育资源共建共享机制,然后将共享资源运用到云平台上以实现资源信息的全面互动,最后是建立标准予以保障。

　　基于上述认识,本书的架构和内容从以下几方面展开。

　　一是全面深刻地理解和把握教育资源建设的基本内涵。也就是说,要厘清教育资源和教育资源建设这两个不同的概念，遵循教育资源建设的基本原则并注重实现教育资源建设的必备功能，以及把握必要的环境并采取合适的步骤。

二是清晰把握互联网教育资源的特点与新观念。互联网教育资源具有网络化、生成性、多元化、个性智能化的特点。除了这些特点之外，"互联网＋"时代形成的新教育资源观认为，在知识经济条件下，必须充分利用科技知识，考虑资源利用水平，在不同层次上使用不同的资源，同时也要考虑区域分布和综合利用。为此，中小学和高职院校在网络教育资源建设方面要有自己的解决方案。

三是充分发挥云计算、物联网、数据挖掘、语义网技术、区块链技术、虚拟仿真技术等新一代技术在教育教学实践中的作用，如在资源的聚合、更新和个性化推送，以及知识产权保护等方面的作用。

四是注重制度保障，建立健全教育资源建设管理制度及知识产权保护制度。建设适合教育教学实际需要的教育资源管理制度是教育资源建设的一个重要内容，包括教育资源管理建设中的资源来源与要求、功能模块设计等。建立知识产权保护制度要重点把握布局商标、著作权权属证据收集、采取技术手段保护版权、积极维权等关键环节。

五是加强机制创新，这是建设新的教育资源生态环境的重要保障。通过机会分配机制、共建共享机制、经费保障机制及资源配置机制等方面的建设，加强教育资源开发者、教育资源使用者等利益群体之间的交流与沟通，从而构建互联网教育资源共建共享的新模式。

六是推进互联网教育资源数字化建设。要在互联网环境下真正实现教育资源的数字化，不仅需要技术上的有力支撑，也需要遵循其数字化发展路径。这样才能避免资源闲置，实现资源利用最大化。

七是推进互联网教育资源信息化建设。互联网教育资源信息化是教育信息化的基础，更是一项需要长期建设与维护的系统工程。要充分利用计算机、多媒体以及网络通信等现代化信息技术，加快建设互联网教育资源信息化进程。

八是推进互联网教育资源平台化建设，使信息资源和信息技术实现多维度、多领域的协同创新发展。为此，要遵循平台共建共享原则，确定平台化建设目标，明确平台化建设内容，同时也要注重发挥教育App这一应用终端、共享平台的优势与功能。

九是充分发挥虚拟现实技术在互联网教育资源建设中的作用。虚拟现实技术所创建的与现实社会类似的生动、逼真的虚拟环境，能够达到学习媒体情景化及自然交互性的要求。目前已有的应用有情境教学、虚拟训练、虚拟校园、虚拟测试、虚拟课堂、虚拟实验等。

十是加强和完善教学资源库、数字图书馆、电子阅览室、网络期刊、多媒体电子书等互联网教育资源建设各个模块的功能，发挥它们应有的作用，以进一步丰富互联网教育资源建设内涵，推动互联网教育资源建设的发展。

笔者在撰写本书的过程中得到了许多专家学者的帮助和指导，在此表示诚挚的谢意。希望本书的出版对我国互联网教育资源建设起到一定的推动作用。由于编者水平有限，书中难免有疏漏、不当之处，敬请读者指正，帮助我们在修订中不断完善。

魏学智

2022年12月

目 录

第一章 教育资源建设的基本内涵 …………………………………… **001**

  第一节　教育资源与教育资源建设 ………………………… 003

  第二节　教育资源建设的原则和功能 ……………………… 010

  第三节　教育资源建设的环节与步骤 ……………………… 017

  第四节　我国教育资源建设现状与未来趋势 ……………… 022

第二章 互联网教育资源的特点与新观念 …………………………… **027**

  第一节　互联网环境中教育资源的新特点 ………………… 029

  第二节　"互联网+"时代新的教育资源观 ………………… 035

  第三节　学校的网络教育资源建设策略 …………………… 039

第三章 互联网教育资源建设的技术支撑 …………………………… **045**

  第一节　云计算技术 ………………………………………… 047

  第二节　物联网技术 ………………………………………… 054

  第三节　数据挖掘技术 ……………………………………… 058

  第四节　语义网技术 ………………………………………… 063

第五节　区块链技术 …………………………………… 068

第六节　虚拟仿真技术 ………………………………… 082

第四章　互联网教育资源建设的管理制度研究 ………… **089**

第一节　建立教育资源建设的管理制度 ……………… 091

第二节　云比特教育资源管理系统研究 ……………… 098

第五章　互联网教育资源建设的机制创新 ……………… **103**

第一节　经费保障机制的建设 ………………………… 105

第二节　资源配置机制的建设 ………………………… 111

第三节　机会分配机制的建设 ………………………… 116

第四节　共建共享机制的建设 ………………………… 125

第六章　互联网教育资源建设之数字化实践研究 ……… **129**

第一节　数字化教育资源的种类及其特征 …………… 131

第二节　教育资源建设数字化的支撑技术 …………… 137

第三节　教育资源数字化发展路径与建议 …………… 142

第七章　互联网教育资源建设之信息化实践研究 ……… **147**

第一节　教育信息化和教育资源信息化 ……………… 149

第二节　我国教育资源信息化建设现状与完善策略 …… 154

第八章　互联网教育资源建设之平台化实践研究 …………… 159

  第一节　教育资源平台化的建设原则与建设目标 ………… 161
  第二节　教育资源平台化建设内容 ………………………… 165
  第三节　教育 App 成流行教育资源共享平台 ……………… 171

第九章　互联网教育资源建设之虚拟化实践研究 …………… 177

  第一节　虚拟教学及其应用前景 …………………………… 179
  第二节　虚拟现实技术在教育教学中的应用场景 ………… 184

第十章　互联网教育资源建设在不同模块的实践 …………… 199

  第一节　教学资源库的建设原则及建设方式 ……………… 201
  第二节　图书馆资源的数字化建设 ………………………… 214
  第三节　电子阅览室功能设计与管理实践 ………………… 220
  第四节　网络期刊的作用及发展路径 ……………………… 224
  第五节　多媒体电子书的内容及系统设计 ………………… 230

参考文献 ……………………………………………………………… 236

后　记 ………………………………………………………………… 240

第一章　教育资源建设的基本内涵

对概念的界定是研究的逻辑起点。本章从教育资源这一基本概念入手予以阐述，帮助读者正确理解什么是教育资源和教育资源建设，并分析教育资源建设必不可少的环节与步骤，同时讨论我国教育资源建设存在的问题及未来趋势。这些内容将使读者在微观和宏观两个层面形成初步印象，让后续的阅读更为顺畅，理解更为透彻。

第一节　教育资源与教育资源建设

教育资源和教育资源建设是两个不同的概念。教育资源指的是教育过程中所占用、使用和消耗的人力、物力和财力资源，也就是教育的人力资源、物力资源和财力资源的总和；而教育资源建设就是通过对人力、物力和财力等方面资源的重组，使这些资源具备最优功能，发挥最大作用，从而实现教育资源的最大价值。

一、教育资源及其主要类型

人类的社会资源包括很多方面，而教育资源是其中极为重要的一部分。事实上，教育资源伴随着人类教育活动产生以来的所有教育实践，并经过不断积累、扩展和丰富，形成了其自身独有的精神和物质的内涵，目前已经成为我国教育事业生存并不断发展的基础。

那么，究竟什么是教育资源？

教育资源是在人类长期的文明进化和教育实践中所创造积累的一种资源，它包括有关教育的知识、经验、技能，以及资产、制度、品牌、理念、设施、人际关系等。通俗地说，教育资源就是教育过程所拥有的人力资源、物力资源、财力资源等要素。顾明远主编的《教育大辞典》中对教育的人力资源和物力资源的解释是："人力资源包括施教者人力资源和受教者人力资源，即在校生数、班级生数、招生数、毕业生数、行政人员数、教学人员数、教学辅助人员数、工勤人员数和生产人员数等。物力资源包括学校中的固定资产、材料和低值易耗物品。固定资产分为共用固定资产、教学和科学研究用固定资产、其他一般设备固定资产。"①

既然教育资源是所有在教育中能被使用的事物，那么在实践中，教育资源便会呈现出多种类型。目前被普遍认可的观点认为，教育资源主要包括以下九类。

一是媒体素材。教育资源中的媒体指的是承载和传播教育教学信息的工具、渠道、载体、中介物或技术手段，具体可分为五大类：文本类素材、图像类素材、音频类素材、视频类素材和动画类素材②。

教师通过在计算机屏幕上显示文本信息，能够准确有效地传播教学信息。文本信息是多媒体教学的基础，在多媒体教学中有着重要作用，课件中的概念、定义、原理阐述、问题表达等都离不开文本信息。

图像是由扫描仪、照相机等输入设备通过捕捉实际画面生成的、色彩丰富、层次感强，能真实再现生活环境的数字图像。其信息量大，通常用来表达很多细节，如明暗变化、复杂场景、丰富的轮廓颜色等。图像包括图片和图形。图片是学习者容易接受的信息，可以生动直观地显示大量信息。计算机中的图片是数字图片。图形是由外部轮廓组成的矢量图，是一种抽象化的形状，主要是计算机绘制的直线、圆、矩形、曲线、图表等，多用于描述轮廓不太复杂、颜色不太丰富的对象。

声音是人们获取信息的主要方式之一，而音频是对声音最直接的记录形式，音频类素材被广泛应用于多媒体教学中。音频包括音乐、语音和各种音效。音频是帮助限定和解释画面的过程性信息。主要表现为语言口译、背景

---

① 顾明远.教育大辞典［M］.上海：上海教育出版社，1992：10.
② 余胜泉，吴娟.信息技术与课程整合：网络时代的教学模式与方法［M］.上海：上海教育出版社，2005：16.

音乐和效果音，它有助于学生集中注意力进行学习，也有助于培养学生的情感和激发学生的学习潜能。其缺点是数据量大，在课堂教学中很难获得音频材料。

视频能真实记录现实事物，在多媒体教学中被广泛应用。连续播放多个连续的图像数据就形成了视频。视频很容易与电视联系起来，但电视视频是模拟信号，而计算机视频是数字信号。视频可以通过计算机实现暂停、快进、回放等功能。视频信息量大且有吸引力，适合向学习者展示一些陌生的东西，通常在呈现事物的图像时，伴随着解说或背景音乐。

动画是一种综合艺术，是一种动态的媒介，能突出和强化事物的本质要素，有助于提高学习者的学习兴趣，帮助其掌握事物的本质规律。随着多媒体技术的普及，动画在教学领域的应用日益广泛。动画在多媒体教学中可用来模拟事物变化的过程，解释科学原理。在许多原理解释的教学中，使用动画甚至比拍摄实物的图片、视频效果更好，因为动画不仅能提供静态图形中缺少的运动场景，还能提供实物视频中缺少的模拟场景。

二是试题库。对于"试题库"一词，按照教育部教育信息化技术标准委员会发布的《CELTS—41.1教育资源建设技术规范》中给出的定义，它"是按照一定的教育测量理论，在计算机系统中实现的某个学科题目的集合，它是严格遵循教育测量理论，在精确的数学模型基础上建立起来的教育测量工具"。我们可以将试题库通俗地理解为一种系统资源，是按照不同学科门类以及内在联系，将不同的试题分门别类地汇聚起来形成的一种系统资源。试题库不是简单地将某一学科的试题进行收集后存入计算机，完整的试题库应具有查询、智能组卷、分析反馈等功能。

三是试卷。试卷指的是典型成套的纸质试题或电子试题，可用于进行多种类型测试。从另外一种意义上讲，试卷是资格考试中用以检验考生有关知识能力而进行人才筛选的工具。

四是文献资料。"文献"原指典籍和宿贤，引用到写作学中，一方面指有历史价值的图书文物资料，如历史文献；另一方面指与某一学科有关的重要图书资料，如医学文献。文献资料是书面材料，常用以作为佐证观点的依据。有关教育方面的文献资料，主要指的是相关的政策法规、规章制度及对重大事件的记录、书籍等。

五是网络课件与课件。网络课件是指以多媒体超链接的结构制作、相对独立的教学软件，并以网页形式在浏览器中运行，旨在解决专业课程的重点和难点问题。简单来说，它是具有共同教学目标的可在计算机即互联网上展现的文字、声音、图像、视频等素材的集合。课件则指的是传统课件，是根据教学大纲的要求制作的课程软件。简单来说，课件是对一个或几个知识点实施相对完整的辅助类教学软件。

需要强调指出的是，传统课件与网络课件在制作、载体和使用等方面是有区别的。比如，传统课件在制作过程中可以不考虑网络传输问题，因使用媒体多而体积庞大，因传播范围有限和流通渠道不畅而使用者少。与传统课件相比，网络课件具有时空不限、资源共享且内容丰富、交互性强且信息反馈快、因高度模块化而结构灵活、即时更新、传输速度快、协作性强等特点，这些特点不仅可以有效克服传统课件的弊端，而且为其在教育领域的快速发展和广泛应用提供了可能。

六是案例。教育就是教育人，教育案例一般是以叙述一个真实案例的方式教育人，并且有合理的、标准的答案作为参考。

七是常见问题解答。在教育教学实践中，某一具体领域常常会面临一些问题，常见问题解答就是针对这些领域的常见问题给出全面解答。常见问题解答已经成为互联网教育资源建设的一个必备功能，比如，在百度百科、维基百科中有成千上万个常见问题的解答。大多数有用的常见问题解答，人们能通过搜索途径在网站中找到。

八是资源目录索引。所谓资源目录索引，就是列出与某一领域相关的网络资源地址链接和非网络资源的索引。

九是网络课程。网络课程指的是通过网络开展的教学活动，是信息时代新的课程表现形式，具有开放、交互、自主、协作和共享等基本特征。网络课程的教学内容都是按一定的网络教学目标和教学策略组织起来的，要在网络教学平台上实施教学活动，还需要一定的软件工具及教学资源，用以支持网络教学的顺利进行。

二、教育资源建设的内容

教育资源建设的内容主要包括三个方面：一是教育资源数据生产的建设；二是教育资源数据管理的建设；三是教育资源信息服务的建设。

数据在教育资源中占有重要地位。教育系统经过长期的积累，已经汇聚了大量的各类教育教学数据，目前主要有四大类：公共数据、个体数据、研究数据和跨界数据。其中，公共数据是在开展教育公共服务时搜集、统计、累积而产生的数据，它的基本特点是数据的搜集者和拥有者是各级各类政府机构；个体数据显然来自个体，也就是参与教育活动的个体，特别是个体学习者在其学习过程中所生成、累积下来的数据；研究数据是指针对特定目的而开展的教育研究过程中所搜集的数据，特别是事关研究对象的各类敏感性数据；跨界数据指的是所有与教育有关、由其他领域所产生的各类数据[1]。量化学习运动将会带来数据的进一步迅猛增长，对于这些教育资源数据的持续

---

[1] 刘三女牙，杨宗凯，李卿.教育数据伦理：大数据时代教育的新挑战［J］.教育研究，2017（4）:6.

收集、分析和应用将有效促进教育创新，其对教育的现在和未来的影响也是不可小觑的。

在教育资源数据管理的建设方面，教育部办公厅制定并于 2018 年 1 月 22 日实施的《教育部机关及直属事业单位教育数据管理办法》具有现实指导意义。该文件第二十八条要求"负责教育数据生产的部机关及直属事业单位，应按照《政务信息资源目录编制指南（试行）》要求和统一标准，编制、审核、发布本部门《教育政务信息资源目录》，并确保其准确、完整、合规"。第三十条要求"负责教育数据生产的部机关及直属事业单位，应建立本部门资源目录更新维护制度，每年应当至少进行一次全面维护。如资源目录要素内容发生调整或可共享与公开的教育数据资源出现变化时，应当在 7 个工作日内进行数据资源目录的更新操作，并报发展规划司备案，及时纳入到《教育部教育政务信息资源目录》中"①。

新型冠状病毒感染疫情突如其来，网课时代全面来临。线上教育关乎政府、学校、教培机构、技术平台、家长、学生等多方主体，其涉及的数据管理也需要多方联动。那么网课时代应如何加强教育数据的管理？北京师范大学国际与比较教育研究院副教授刘敏在《光明日报》2020 年 3 月 26 日第 14 版发表的题为《网课时代，看国外教育数据咋管理》的文章认为："加强教育数据管理一方面涉及保护数据安全。要改进立法，赋予教育数据所有人掌握个人数据、保护个人隐私的权利；通过多渠道多元教育宣传，建立全民的数据全价值观。另一方面，则可以逐步建立政府主导、学校和社会三方参与的模式，鼓励教育数据的开发和利用，实现学习的个性化和自适应性，实现教育的革新。"

---

① 教发厅.教育部办公厅关于印发《教育部机关及直属事业单位教育数据管理办法》的通知［EB/OL］.（2018-01-23）［2022-10-10］.http://www.moe.gov.cn/srcsite/A03/s7050/201802/t20180211_327248.html?from=groupmessage&isAppinstalled=0.

教育资源信息服务的建设，这方面内容将在后面的数字化、信息化、平台化等章节中从不同层面予以展开。

至于教育资源建设的对象，则主要包括前面所述的九类教育资源，即媒体素材、试题库、试卷、文献资料、网络课件与课件、案例、常见问题解答、资源目录索引和网络课程。

第二节　教育资源建设的原则和功能

基本原则和必备功能是教育资源建设必须解决的两个问题，基本原则即教育资源建设应遵循的原则，必备功能是教育资源建设应实现的功能。在教育资源建设过程中需要遵循五项基本原则，即需求原则、系统性原则、规范性原则、开放性原则和动态平衡原则。教育资源建设应实现的功能，包括资源共享的功能、电子备课的功能、基于资源的自主学习模式的功能、知识积累教育的功能和数据管理的功能。

一、教育资源建设的五项基本原则

教育资源建设应遵循以下五项基本原则。

一是需求原则。这一原则主要立足于当前我国教育领域的主要矛盾已发生转变这一事实。一方面是社会公众和经济社会发展对于高质量教育需求的迫切，另一方面是优质教育资源严重短缺。主要矛盾的转变势必导致教育资源建设重心的调整，从内容、功能及形式等各个层面提高教育质量、促进教育公平、推进教育国际化已经成为今后一个时期教育资源建设的时代任务。

只有使教育资源具有可利用性，才能满足公众对高质量教育的迫切需求。在资源库、图书馆、电子或纸质书阅览室等各个细分领域的教育资源建设过程中，要致力于服务教育的宗旨，在内容和功能上具有可利用性，真正使学生、教师和其他教育工作者能够方便及时地获取他们所需的信息，从而满足教育的需求。

二是系统性原则。这一原则要求处理好两个关系：一是处理好信息资源库系统的各个子模块之间的结构关系；二是处理好信息资源库系统中子系统与教育大系统中其他子系统之间的关系。

作为一项国家事业，教育应该通过政策法规、硬件配置和人力规划的整合来考虑各种因素之间的复杂关系，这决定了信息资源数据库的建设是一项系统工程。我们不仅要处理好信息资源数据库系统各子模块之间的结构关系，还要正确处理信息资源数据库子系统与教育系统中其他子系统之间的关系。只有真正实现这种协调发展，信息资源库才能得到有效利用，这是避免重复建设造成资源浪费的必要措施。

三是规范性原则。教育教学有其自身的规律和特点，这一原则强调教育资源建设必须符合这些规律和特点，在定义学科、年级、资源类型和文件格式时，应基于统一的规范和标准。如符合《国家现代远程教育资源库资源建设规范》。

《国家现代远程教育资源库资源建设规范》主要在三个方面进行规范：其一，从资源技术开发的角度提出了一些最低技术要求，以统一资源开发人员的开发行为；其二，从用户的角度，为了方便材料的使用，要求在材料上标注属性，并从可操作性的角度规范属性的数据类型和书写类型；其三，从管理者的角度，提出了远程教育工程教材管理系统和教学支持平台的一些基本功能[①]。

四是开放性原则。这一原则强调的是资源开放，即从区域到全国、从微观到宏观、从局部到整体的资源开放。从商业的角度来看，获取信息必须支付一定的费用，资源的开放并不是完全免费的，因此需要采取必要的商业流

---

① 国家现代远程教育资源库.国家现代远程教育资源库资源建设规范［EB/OL］.（2006-11-30）［2022-10-10］.https://max.book118.com/html/2021/0331/6053115152003131.shtm.

通手段，以实现公平、公开。当然，教育信息化也不例外，这是中国教育产业化的必由之路。以电子商务为例，它为教育信息的商业流通提供了必要的技术基础。

开放性原则主要体现在三个方面：其一，参与人员的开放性。教师、教育专家、技术人员、学生，甚至于家长都可以是参与者。其二，体系结构的开放性。建立分布式网络教育资源平台体系结构，实现资源及时更新、及时交互，以解决不同学科和功能的整合，实现网络资源价值最大化。其三，内容的开放性。教育资源不应受到内容的局限，不论是什么类型、以什么形式存在的教育资源，只要是有于提高教学效果，都应该开发为教育资源。

五是动态平衡原则，一方面是动态可持续发展的建设，另一方面是功能和内容的不断完善更新。

教育资源建设并非一朝一夕、一蹴而就的事情，而是一个从缺失到供给到平衡、再从缺失到供给到平衡的动态循环过程，与整个教育的发展过程是相辅相成的。随着教育水平的不断提高和教育需求的不断增加，教育资源的功能和内容也应不断地完善和更新，以适应时代发展的要求。

二、教育资源建设应实现的功能

教育资源建设是教育信息化的重要组成部分，是信息技术与课程整合的前提和基础，是实施网络教育的基础，是实施研究性学习的有效支撑，是促进教学模式重构的重要手段。因此，教育资源建设应该而且必须实现以下五大功能。

一是资源共享须实现的功能。教育资源建设一个最明显的服务功能就是资源共享。事实上，无论是国家级还是地区级的教育资源建设其所要实现的功能都是在一定区域范围内的教育资源共享,能够为该区域内的所有教育活动提供海量的、以学科为中心的共享教学资源。

教育资源库的互动性和开放性为教育资源共享提供了最大可能。基于教育资源库的互动性和开放性而形成的教育资源共享模式,可以实现各单元之间纵向的和横向的数据传输。在纵向上,各"资源消费者",比如,学校中的教师、学生,可以与本区域内的教育资源中心联系;在横向上,各单元,比如,兄弟学校之间,可以进行联系。在纵向和横向数据传输过程中,教育资源库就是各单元之间相互联系的桥梁和纽带。为了便于共享,在实践中可以采用会员制的形式,也就是那些能够为资源库提供相当数量资源的某一单元,将获取本资源库的所有免费服务,同时也可以优惠获取应用系统服务;而没有为资源库提供资源的那些单元,则需要缴纳一定的费用后才能获取相应的服务。实践证明,会员制有助于优化教育资源共享模式,而这种共享模式也是"机制"带来的功能与效果。

二是电子备课须实现的功能。电子备课指的是利用新一代信息技术,将多种媒体信息作为素材,通过操作电子文件的方式来查阅资料,或制作能够更好地表现讲授内容的文字、声音、图形和图像文件等,然后将这些文字、声音、图形和图像文件等有机地集成在某种介质如磁盘、光盘上,教师在授课过程中可以随时根据需要进行选择和播放。

与传统的教师基于教材和教学参考书进行备课的方式相比,电子备课的过程是教育信息化的一种体现。教师在传统备课方式下,其所需要的信息来源单一,往往受限于手上仅有的纸质教学资料,在授课过程中教学内容的表现形式以课本和口头讲授的方式为主。这种单一、枯燥的信息传递方式,很难充分调动学生各种感官的协同活动,必然会降低教师教学的效率和效果,学生所学到的知识也是封闭的、死板的,缺乏与现实的联系。鉴于此,教育资源建设必须能够为教师的备课提供大量的参考信息，让教师不再局限于仅有的纸质课本与教学参考书。为此，要让教师能够根据自己的教学需要，在教育资源库中检索并下载有关的教学资源，利用各种软硬件备课工具，将资源按照自己的教学思路进行整合，为学生创设能实现主动学习的资源环境。电子备课让教师可以游刃有余地发挥其积极性和创造性，将先进的教学理念和教学方式融入教学实践中，取得更好的教学效果。

三是基于资源的自主学习模式须实现的功能。资源库一般包括多媒体电子书、各种数据库、在线报刊等，可以为学习者提供极其丰富的学习资源。学习者只要掌握一定的信息获取技能，通过各种在线检索机制，就可以轻松快速地获取所需要的知识，从而实现高效学习。这种学习模式为学生提供了一个非结构化的学习环境，其中包含实现学习目标的各种参考资源。学习者可以通过筛选、分析和综合这些资源来解决实际遇到的学习问题。在这个过程中，学习者不但可以培养和提高信息处理和问题解决的能力，还有助于实现知识的深层次建构。

与基于资源库资源的自主学习模式相比，基于网络资源的自主学习则是学生自主探究的一项学习活动，自主学习侧重培养学习者发现信息、利用信息解决问题的能力。网络教育资源库中蕴含了大量的教学资源，不仅有和教学大纲、课本关系密切的良构知识，同时也包括开放性的、发散性的学习资源，它以非线性的方式形成资源网络，既符合人类的思维习惯，又有利于培养学习者的信息素养。通过基于网络资源的自主学习模式设计，可以发现教育资源在基于网络资源的学习中发挥着核心作用，可以说教育资源的质量直接影响学生学习的效果。在这里，网上有一篇文章《网络环境下自主学习专题教学设计的实践与探索》，其中提出的"在网络环境下进行自主学习教学设计的一般步骤"可供参考，现简述如下：第一步，确定自主学习的内容；

第二步,教学目标分析与分解;第三步,学习任务和学习内容的分析与分解及学习者分析;第四步,制订自主学习策略及指导策略;第五步,进行资源准备;第六步,自主学习过程管理模式分析和评价指标分析;第七步,搭建教学 MIS(管理信息系统,management information system)平台并导入信息及系统测试;第八步,进行教学实施。本文作者最后指出:以上各个步骤,是本人在网络环境下开展学生自主学习教学实践的一些粗浅的探索。当然,不同的教学内容、不同的教学情境,进行的自主学习教学设计可能会有不同。

四是知识积累教育须实现的功能。资源的开发和建设过程,其实就是一个知识积累的过程,因此知识积累是教育资源建设的重要功能,就是通过科学的组织方式,对原有杂乱的、零散的知识进行系统化、组织化,使学习者对积累的内容有更深的理解,从而发现新问题,产生新思想,获得前所未有的新启示,实现真正的创新。

教育应该是一生的事情,一个人的教育从学前教育开始,之后接受九年义务教育,此后还要接受高等教育和继续教育,而教育资源建设中的教育资源库建设,恰恰就是根据人的发展规律,为人的不同阶段的学习提供相应的知识。由于一个人的记忆和认知是有限的,而信息指数的增长模式使得传统信息记载介质很难适应这种情况,因此需要数字化存储知识,这是不可逆转的时代潮流。通过教育资源建设,可以极大地提高知识积累的质量,从而实现知识积累教育的高效利用功能。

五是数据管理须实现的功能。在教育领域,数据管理是指对教育相关信息的收集、传输、存储、维护、分析和使用,在将教育单位各类信息数字化之后,通过组织分类,然后再应用于教学和管理过程中的各个环节。一个合格的教育教学决策者,要注重提高数据管理水平和自己所在学校的信息化程度，这样才能更好地适应教育改革与发展的需要。

　　数据管理必须实现以下两方面的功能：一方面，要运用现代化信息处理技术、科学的统计和管理方法，对与教育管理密切相关的社会、经济、科技等信息进行处理、分析和传输；另一方面，要将能够客观反映教育现状和教育历史发展进程的数据传输到教育管理系统，为当下的教育管理活动与决策提供及时可靠的信息支持，努力提高管理水平，进而实现管理的规范化、程序化、科学化和现代化。

第三节　教育资源建设的环节与步骤

要想让教育资源建设取得成效，不仅要遵循教育资源建设的五项原则，实现教育资源建设的五项功能，更要有教育资源建设"方法论"，即把握必要的环境，采取合适的步骤。接下来，我们就来看看教育资源建设工程的四个基本环节和教育资源建设的主要步骤。

一、教育资源建设工程的四个基本环节

教育资源建设是一项工程，它包括研究、开发、应用和评价四个基本环节。

第一个环节：研究环节。

教育资源建设必须研究核心构成要素，包括教育资源建设的内容、开发标准、技术规范和评价体系，如果不认真研究这些要素，那么教育资源建设就会迷失方向，就无法保证内容的高质量和高层次，也无法保证资源建设的高标准和高水平，难以赶超国际先进水平。

我们知道，教育资源建设的内容主要包括教育资源数据生产的建设、教育资源数据管理的建设及教育资源信息服务的建设。此外还包括媒体素材、试题库、试卷、文献资料、网络课件与课件、案例、常见问题解答、资源目录索引和网络课程这九类教育资源在内的教育资源建设的对象。开发标准主要包括定义各种术语、标注各类资源属性、规定总体分布参数，以及资源质量与技术上的最低要求，资源库系统的功能标准和基本数据说明等。技术规

范指的是必须符合《CELTS—41.1教育资源建设技术规范》。至于评价体系，它应该是多维的。

第二个环节：开发环节。

资源开发和技术开发是开发环节的两个主要方面。其中，资源开发指的是对国内外各种教学资源的收集、审查、筛选、优化、整合等工作；技术开发指的是对资源内容进行管理和整合的技术支持，以及将部分资源转化为CD或VCD等产品的开发工作。

以整合为例，要先了解资源并进行分类，然后再寻求能整合的部分。目前值得整合的部分包含师资队伍层面的系统资源整合、学校内部教学部门组织结构的合理整合、培训教育层面的教育资源整合，再细化的话则有规模化校区、高效的营销招生团队、系统化运维管理、高品质游学研学路线等方面的教育资源的整合。

第三个环节：应用环节。

应用是教育资源建设的核心环节，建设教育资源的目的就是应用。检验教育资源建设成败的关键是看教育资源究竟能不能应用，能够应用的资源才是有价值的，否则毫无用处。因此，教育资源开发者不能只管开发不管应用，开发出来的教育资源一定要有一个试用过程，并对试用过程进行调查，作为下一步判断其是否可用的依据。

第四个环节：评价环节。

对于教育资源的试用过程及对试用过程的调查结果，要组织学科专家和教育技术专家进行评价，以便从中发现问题、总结经验，不断改进与完善资源的开发与建设工作。要构建多维的评价体系，在关注学术水平和规模效应的同时，因时、因地、因人制宜，坚持从实际发展需要出发，考虑地方及本校特色，将学生的综合能力及学校的自身特色纳入其中，促使本校形成自己的优势学科和特色专业。

二、教育资源建设的主要步骤

教师是教育资源建设的主要力量，他们工作在教育第一线，十分了解教育教学过程中最迫切需要解决的问题，因而应由他们来完成这项任务。具体包括如下步骤。

第一步：规划教育资源建设内容。

内容规划是教育资源建设过程中最重要的一步，其主要工作就是确定资源建设的具体内容。由于教育信息资源内容非常多，诸多内容涉及大量的部门和人员，建设周期也较长，因而这是一项系统性工程；同时，由于教育信息资源具有复杂性和多样性的特点，人们对它形成了各不相同的理解，这样就会出现大量不同层次和不同属性的教学资源，不易管理和利用。为了更有效地做好教育信息资源建设工作，使教育资源在质量、效益、可持续发展等方面有更强的保证，避免重复建设，保障教学资源库的建设能够有计划、有步骤地实施，需要做好内容规划。在这一过程中，最重要的是要确定教育资源的学科范围，并按照教学大纲和课程目录的顺序，来划分各学科需要加强建设的资源的详细内容。

第二步：确定教育资源建设标准。

我国目前各地区的教育水平发展尚不一致，因此在进行教育资源建设时必然会出现差异。在这种情况下，必须制定统一的教育资源建设标准，才能进行资源统筹，使各地区能够进行资源交流与共享，并能够与世界接轨。确定教育资源建设标准，要根据教育部现代远程教育办公室颁布的《国家远程教育工程资源建设技术规范》来进行，并且将标准细化到对资源每个属性的具体要求上，以便于操作。

第三步：编制教育资源建设评价指标。

教育资源的质量有赖于教育资源评价标准的确定，而评价标准的关键在于评价指标。编制教育资源建设评价指标，主要是作为后期教育资源建设专家组和各学科工作小组对征集上来的资源进行审查、分类的依据。比如，人才培养标准，人才培养方案50分，没有这个方案则扣50分；实训课程标准，对照人才培养方案检查，每缺其中的一项扣10分；专业课程目录，对照人才培养方案检查，每缺其中的一项扣10分；理论课程标准，对照人才培养方案检查，每缺其中的一项扣10分；等等。

第四步：做好教育资源建设培训工作。

要想教育资源建设收到实效，就必须做好教育资源建设培训工作。要对教育资源建设的有关人员如老师、技术组人员等进行培训，这种培训必须是有针对性的，这样才能使接受培训的人员明确教育资源建设项目、任务和整体实施计划，并掌握工作过程中的技术细节。

比如，针对远程教育课件资源建设业务的培训，在课程的设置、授课老师的选择、课程的管理等方面都要进行严密合理的安排，同时培训的知识要注重实用性。要为学员分析课件资源建设面临的形势和任务，指出课件资源建设尤其是制片工作的不足；要讲授讲坛类栏目的创意与运作、电视节目的摄像与编辑技巧、电视新闻采访与精品创作、科普节目创作的规律等业务知识。

第五步：做好教育资源征集工作。

要做好教育资源征集工作，首先要对教育资源征集任务进行分配并向各部门下发。在分配任务时，要考虑到各个地区、各个学校以及任课教师的教学长处与教学特色，尽可能最大限度地发挥任课教师的优势，以保证教育资源征集工作的顺利完成。

教育资源征集的途径有许多，比较常用的有：直接从网络上下载；将手头现有的录像带、录音带做数字化处理，然后转录到光盘中，成为音频和视频教育教学资源；将手头现有文档资料先做分类整理，然后录入计算机，成为文档资源；从市场上购买光盘资料；组织人员按教育教学所需编写教育资源。

第六步：审核教育资源。

教育资源建设领导小组要安排和组织资源建设专家组、各学科工作小组、技术小组，按照人才培养标准、实训课程标准、理论课程标准等既定的资源评价指标，对征集来的教育资源进行审核、筛选、优化、整合，最后确定教育资源的等级和价格。

第七步：将教育资源入库。

教育资源入库要本着两个原则：一是数据精确；二是便于检索。教育资源入库需要利用计算机网络技术，这项技术能够实现资源共享和信息传递。通过该技术，可以将教育资源单个或批量地存入数据库。在入库过程中要按照一定的线索与规则来进行，对资源的所有属性进行预校验，这样既确保资源库中数据的精确性，也便于今后的检索及使用。

最后需要强调的是，为了防止出现教育资源重复建设以及造成教师任务负担过重的问题，教育资源建设领导小组应统筹规划，根据实际情况，将资源的具体内容划分给教师，并采取有效的激励机制以调动教育资源建设主力，即教师的积极性。

第四节 我国教育资源建设现状与未来趋势

我国教育资源建设目前存在的问题有资源库重复建设、资源内容与应用不一致、学习资源不足、资源更新不及时、检索系统不够方便等。未来，我国教育资源建设将呈现以下趋势：进一步健全资源的共建共享机制，资源元数据类型越来越丰富，资源类型也更加丰富且兼容性更强，教育资源的建设注重"以学为主"或"学教并重"，资源建设模式将发生新的转变，更加注重资源建设的标准。

一、我国教育资源建设存在的问题

目前，我国很注重教育资源的建设与应用，取得了一定的成绩，但还存在一些普遍性的问题，主要有以下几方面。

一是地方各级政府重复建设教育资源，导致资源利用率低下。目前，国家、省、市等各级教育资源库相继建成，虽然存储了大量的数字资源，但使用效率并不高。比如，一线教师和学生在使用的时候，很少有人到国家级和地方教体局建立的资源库去寻找资源，甚至很多人都不知道这些教育资源库的存在，造成了资源的极大闲置与浪费。

二是资源的内容与需求不一致。一边是政府、教育部门在不断建设教育资源，另一边是一线教师感到可用资源不足，这表明当前大量的资源建设与教师的需求不符。资源库中的大多数资源是直接从教育资源公司购买的，教育公司在资源生产的技术水平上可能更具优势，但很难根据教师和学生的实际需求来设计和开发资源。

三是资源建设严重偏向教学，导致学生学习资源不足。在传统教学中，教师的教学备受重视。在此背景下，资源库中存储的大部分资源仍然主要是辅助教师教学的资源，如教学设计、教学课件、试卷等常用的教学资源。在数字化学习环境下，应该更多地关注学生通过探究学习和自主学习等方式来学习和构建知识，以培养学生的创新能力和探究能力，但具有这些功能的资源仍然相对稀缺，难以满足学生学习的需要。

四是资源落后，没有及时更新。信息技术的发展非常迅速，资源使用的环境和场景也在发生变化。然而，目前教育资源数据库存在一次性购买、不更新或更新不足等问题。教育资源建设应该确保能够及时更新资源，建设优质高效的教育资源库。如果政府单方面投资或一次性投资不够，教育主管部门应发挥主导作用，依靠集体力量，与大学、中小学、教育资源公司、出版社等机构进行合作，以实现社会资源的优势互补和资源共享。

五是检索不方便。目前，许多资源数据库的检索系统不够方便，无法准确地检索到所需的资源，给资源的利用和推广带来了很大的困难。

二、我国教育资源建设未来趋势及思考

教育必须面对未来，并对未来负责，虽然预测未来并非易事，但以发展的眼光来看，我国教育资源建设未来将呈现以下趋势。

一是进一步完善资源共建共享机制。能够实时交互，实现双向交流，是教育资源数据库的基本功能，也是教育资源建设的未来趋势之一。事实上，教育资源的用户不仅是教育资源的使用者，而且是教育资源的生产者和提供者。因此，教育资源建设不仅要进一步完善资源共建共享机制，充分发挥技

术平台的作用，为用户提供获取资源的机会，还要促使用户成为资源的贡献者。资源共建共享机制的建立需要不断完善资源质量评价体系、激励与认可机制策略，鼓励多主体积极参与教育资源的共建和共享；同时，要分阶段地对教育资源的质量和应用效果进行评价和筛选，确保优质资源的整体质量和可持续发展。在实践中，构建资源共建共享机制会涉及很多人和很多因素，因此要努力营造良好的生态氛围，保持资源共建共享的各个环节畅通无阻。构建资源共建共享机制虽然难度较大，但与其他的教育资源建设方式相比，其具有更好的可持续性和生命力，是未来教育资源建设的主要发展趋势。

二是更加丰富的教育资源元数据类型。元数据又称中介数据、中继数据，是描述数据的数据，主要是描述数据属性的信息。数据库中存储着大量教育资源，如果没有良好的分类系统和描述信息，人们将很难找到所要使用的资源。而用于描述教育资源的元数据除了常规的资源类型、资源格式、级别、学科与内容、应用对象、收费与否外，还应添加帮助用户更好地筛选自己想要的资源属性，这些属性包括但不限于适用的设备类型、适用的教学方法，以及评估方法、培训能力、交互方法等。

三是更丰富、更具有兼容性的资源类型。所谓更丰富、更具有兼容性的资源类型，指的是资源类型不仅限于单一的物质资源，还应该包括一些生成性资源、完整的课程包资源、微视频资源等。这是因为，教育资源的利用会随着信息技术环境的变化而变化，特别是在手机和平板电脑等移动终端设备的普及以及多个版本系统共存的情况下，教育资源类型需要具有更好的兼容性。也就是说，教育资源不仅可以在电脑上使用，也可以在手机或平板电脑上使用。与此同时，科学技术的发展丰富了媒体的类型，通过使用新技术，教师可以更直观、生动地教授学习内容。

四是注重自主学习、探究学习和合作学习。教育资源建设将在促进学生学习能力提升方面发挥更大的作用，更好地促进学生的自主学习、探究学习和合作学习。

五是转变教育资源建设模式。为了尽快解决教育资源内容不足的问题，目前在一些地区已经形成了以教师建设为重点的教育资源内容建设模式，每个一线教师都要负责几个学习单元，数十名教师拥有上百个学习单元。这种建设模式不仅可以快速、系统地建设一批直接支持一线教学的优质教育资源，还可以培养教师利用信息技术参与资源建设的意识和能力。

六是重视教育资源建设标准化。素材库中的素材应严格按照国家相关标准和规范进行建设，这就是我们前面讲过的标准化。在先进技术开发方面，我国教育资源建设将逐步体现出现代信息技术的优势，如高速传输、高速处理、智能交互等。

第二章　互联网教育资源的特点与新观念

互联网时代的教育资源是教育内容的载体和基石，而基于网络环境的更加开放的教育则是未来教育的发展方向，未来的教育将更加重视学生的个性化和学习方式的多样性，让所有学生都能享受到优质的教育资源。除了这些特点之外，"互联网+"时代形成的新教育资源观，将成为学校方面制订网络教育资源建设策略的背景条件。

第一节　互联网环境中教育资源的新特点

互联网时代背景下,人们依托先进的技术手段,将全部的机会重新汇集起来,从而出现知识回归的社会现象,也就说人们会不断去获取新知,然后再传播知识,形成一种良性的循环[①]。在互联网环境中,教育资源也随之呈现出新的特点。

一、网络化:动态建设过程,彰显草根力量

随着计算机技术的飞速发展,互联网已经成为知识生产的主要场所和智慧的集散地,每一个学习者都是整个网络中的一个节点,互联网环境下的教育资源建设在网络空间变成了动态过程。同时,多种硬件设施通过通信技术连成网络,使得教育资源信息畅通无阻地流通在教育的各个环节。

虽然互联网技术给学习者和施教者提供了一个资源共享的平台,但随着时间的推移,这个平台上的很多教育资源已经陈旧,优质教育资源又进不来。在这种情况下,采取竞争淘汰制的教育资源管理手段,可以促进教育资源的动态循环、更新发展,建立高效优质的教育资源网络环境。

互联网环境中教育资源网络化的特点,还体现在彰显草根的创造力上。互联网将草根的力量发挥到了极致,如知乎、豆瓣、简书、百度知道、知识星球等,此外还有维基、微博、微信公众号、快手、抖音等,每个用户都能

[①] 邢启昊."互联网+"时代教育资源建设新模式探析[J].科技资讯,2022(8):3.

够生产并贡献内容资源，互联网构造的共享空间成为教育资源建设过程中的重要节点。

以知乎为例，它是国内最大的在线问答社区，聚集了来自不同行业，拥有不同学习背景和兴趣爱好的用户。在知乎平台上获取信息的需求最为突出，平台上的问题涉及面广，回答者大多是行业精英，他们的答案具有相对较高的专业性，这对于知识的积累或解疑来说，都是高质量的学习平台。在知乎平台，知识贡献的程度与自我效能、利他心理、信任、互动、乐趣等都呈现显著的正相关。

二、生成性：记录和保存共建、互传、使用数据

互联网时代的教育资源建设是由用户来完成的，这是一种资源创造新形式。互联网时代，教育资源建设汇聚了网络空间中社会成员的集体智慧，大家共同创建资源、传播资源、使用资源；同时，计算机技术使用户的内容创作、发布和交互的过程都能够被完整记录和保存，而用户的这些行为数据和过程数据也成为互联网时代教育资源的新形式。

互联网时代教育资源建设的生成性特点在新型冠状病毒感染疫情期间尤为突出，如有的教师把教学全过程录下来并作为资源分享出去，这个过程不仅呈现了教学内容，还真实地呈现了教学互动情境，教育资源的生成性凸显。在疫情防控期间，广大教师不畏艰难，克服了种种困难，无论是课程设计、资源整合，还是课堂活动设计，都在主动探索新的教学方式，并通过开展直播、录播、慕课、文字+音频、线上互动研讨、学生自主实践等多种方式的教学活动进行教学。

多主体参与的资源共同创建模式最能够体现互联网教育资源建设的生成

性特点。在政府、企业、学校、教师、学生等多主体参与的过程中，这些主体既是建设者也是参与者，他们都会参与到资源建设的过程中，尤其是学校、教师、学生，他们的双重身份更为明显，不仅是教育资源的使用者，而且是教育资源的建设者。

这种多主体参与的资源生成性特点具体体现在以下几个方面：一是多主体参与。互联网环境下的教育资源建设是由所有使用者共同参与建设完成的。二是资源的数字化。各参与主体在基于资源进行教学支持和指导时，其服务外化为数字化的智力资源，并被记录下来转化为过程性资源，流转到不同区域和机构，促进了社会化协同服务模式的形成。三是资源的数据属性与服务属性。在资源建设过程中，知识是不断流通和传播的，资源使用者在使用过程中也完善了资源的建设，使用者生成的过程性数据也会成为资源建设的一部分，资源不仅是知识内容，还结合了过程性数据与资源服务。四是资源的进化和再生。资源建设的整个过程是一个开放、动态的过程，资源在其中以用户需求和相关过程数据为依据，实现进化和再生。

三、多元化：教育资源的载体和形式的多元化

在互联网时代，教育资源呈现出多元化的特征，不仅有标准化、结构性、稳定的知识，更有动态化内容、境域化内容等方面的知识。各学科教材课本，新闻媒体，耳闻目睹的一些社会现象，自然环境，学生学习的方法、态度、能力，教师的教育教学观念、个人修养，教学的过程性数据，等等，这些都是资源的载体并且是多元的，也都将成为互联网教育资源。

不同教育资源载体有其优势作用及适用条件，将不同载体结合，形成系统化、多样化的资源利用方案，才能最大限度地开放教育资源，提升资源利

用效率和教育成效，激发资源使用者探究的兴趣，培养创新能力。以青少年科技馆为例，青少年科技馆存在灵活程度不足、教育辐射范围有限的弊端，对此可以采用巡展的活动方式。比如，在每年的特定时间，在农村及其他无法正常享受科技馆教育资源的区域选取适当空间如中小学校园、政府部门提供的专门场所等来打造流动科技馆。在巡展期间，当地的青少年由学校或家长组织到流动科技馆观看科学实验，聆听科学知识讲座，参与各项科技实践活动。这种巡展方式能够弥补农村地区科普教育不足的缺陷，实现教育公平。另外，流动巡展的方式其运营成本较低，具备较高的可执行性。

互联网教育资源不仅载体多元，而且表现形式多样，既包括视频、音频、图像、文本等形式，也包括认知工具、虚拟仿真资源等，从而极大地丰富了资源内容的表现力。

教育资源形式的多元化是教学资源数字化处理的结果。数字化教学资源可以在多媒体计算机及网络环境下运行，诸如数字化文本、图形图像、动画、声音、数字化音频、数字化视频、电子图书、电子期刊、网上数据库、虚拟图书馆、百科全书、教育网站、通信新闻组、虚拟软件库等。这些数字化的教学资源具有处理技术数字化、处理方式多媒体化、信息传输网络化、教学资源系列化、资源建设可操作化等特点，因而可以优化教学内容，提高课堂教学效果。在日常的教学中，要充分利用现有的数字化教学资源进行备课、授课、开辟第二课堂、建立家校互动社区、远程辅导等。

四、个性化：资源与学习者的个体经验息息相关

互联网时代的知识不仅是群体共识的，还可以按需获取，因此教育资源具有明显的个体特征。由于参与教育资源建设的用户借助相关工具以互动的

形式生成资源，因而突出反映了不同主体对资源建设的个性化特点，而未来的教育资源也应以满足学习者的个性化需求为主要目标。

实现互联网教育资源个性化，需要对教育资源进行差异化、颗粒化设计。一方面，由于资源使用者是千差万别的，所以资源设计就必须实现个性化，以满足不同使用者的需求。另一方面，颗粒化的资源设计既为资源提供者考虑，也为资源使用者考虑。每一位资源提供者各有不同的风格，且优缺点并存，通过颗粒化的资源设计可以打散其原来的知识点，使知识点变得更加细碎，这样就有利于资源提供者设计出属于自己的个性化资源，而这样的资源也会让资源使用者受益。

五、智能化：平台互联互通和资源的个性化推荐

计算机技术、大数据和学习分析等技术大大提高了教育资源平台的智能化水平。计算机技术让平台之间实现了空间的互联互通，平台资源也实现了自动汇聚、动态更新，资源信息全面互动。除了计算机技术，大数据和学习分析等技术也有助于平台根据用户的需求和偏好实现资源的个性化推荐。

教育资源智能化是时代发展的必然。在信息技术以及互联网飞速发展的时代背景下，人们逐渐从信息匮乏的时代步入信息过载的时代。在这个时代，无论教育资源使用者还是教育资源生产者都遇到了很大的挑战：对于使用者，从大量教育资源中找到自己感兴趣的资源是一件非常困难的事情；对于生产者，让自己生产的教育资源脱颖而出，受到广大用户的关注，也是一件非常困难的事。因此，实现教育资源智能化，更准确地说是实现资源的个性化推荐，既是时代所需，也是教育教学所需。

此外，硬件系统也给资源使用者在使用操作和维护管理方面带来很大方

便。现实中就有不少这样的成功例子。例如，许多新型DVD播放机就具有自动纠错、格式转换、书签检索等智能特征；觅机科技研发的绘本阅读智能台灯利用AI识别绘本封面，通过捕捉儿童翻页动作以及AI识别绘本内页的方式来调用相应的音频资源并进行自动播放，形成伴读的氛围，从而培养儿童的阅读习惯；字节跳动旗下大力教育研发的大力智能作业灯拥有智能双摄设计，能帮助家长远程辅导孩子作业，创新台灯形态结合大力智慧眼，专为孩子书桌作业场景设计，实现了智能识别到讲解的过程，帮助孩子提升作业效率，还可与家长端App"大力爱辅导"双端联动，学情实时同步，为学生和家长创造平衡且愉快的学习辅导关系。这些智能设备，其实也是教育资源智能化的一种体现方式。

教育资源融合了教育内容载体和教学过程大数据，在这种不断融合发展的趋势下，我们应该认真做好教学过程的数据采集与分析工作，充分探索数字化教育资源的应用，促进教育资源建设与服务模式真正实现个性化与智能化。

第二节 "互联网+"时代新的教育资源观

在"互联网+"时代背景下,教育资源呈现网络化、生成性、多元化、个性化、智能化等新特点,人们的教育资源观也将发生变化,要从传统的教育资源观转变为新型的"互联网+"时代的数字化教育资源观。"互联网+"时代新的教育资源观认为,在知识经济条件下,必须充分利用科技知识,考虑资源利用水平,在不同层次上使用不同的资源,同时也要考虑区域分布和综合利用。

另外,自2015年政府工作报告提出"互联网+"概念至2022年已有八年多时间,教育领域的实践取得了很大进展,新教育资源观在现实中已经有了落地应用,所以本节将简单介绍一些与主题相关的成功案例。

一、交互内容在动态中生成资源

过去的教学资源的建设是在课程开始之前完成的,教育资源的功能主要是呈现内容。而在"互联网+"时代,大量的教育资源数据被收集、分析、生成并成为数字教育资源的重要组成部分;同时,学习者在互动过程中产生的灵感、观点和讨论的内容也将成为重要的生成教育资源。

现在市面上出现的一种资源预览生成方法及系统,尤其适用于交互式教育领域。一般而言,网上提供的针对交互式教育资源的在线预览服务比较少,所以在这种情况下,用户先在本地客户端安装某种具体类型的交互式教育资源的浏览软件,再通过搜索引擎去检索自己感兴趣的交互式教育资源,然后下载这些资源；接着再通过资源的浏览软件打开资源，手动与资源进行交互；最后再通过交互了解资源的主要内容，判断该资源是否对自己有帮助，如果没有帮助，就删除这些资源。从上面的过程可以看到，在缺乏针对交互式教育资源的在线预览服务的情况下，存在用户手动与资源交互烦琐、用户检索和了解资源内容的过程耗时过多的问题。而现在出现的这种交互式教育资源预览生成方法及系统（具体操作限于篇幅，在此略过），则可以解决以上问题。

当前，市面上还存在另一种教育资源制作的方法，这种方法希望解决现有教育资源中教师和学生之间的互动无法被满足的问题。该方法的步骤如下：首先，输入互动指令；其次，系统根据互动指令，生成控制脚本；最后，控制脚本与教育资源结合，生成互动资源。步骤中的互动指令包括教育资源的排列，对教育资源播放的先后顺序、教育资源的播放条件进行的设置。

二、形式、内容、过程数据的融合

"互联网+"时代的教育资源不仅是内容，还包括过程性数据、虚拟仿真环境以及认知工具等。它们相互交织，最后达到融合，这种融合既有不同形式上的融合，也包括内容和过程数据的融合。

事实上，技术与教育的融合，在不同的阶段有不同的融合方式，也提供不同的价值。总的来看，技术在早期主要解决的是教育成本问题，而随着技术的发展，技术则会慢慢改变甚至颠覆教育形式，对学习效率产生影响。比如，在互动式在线教育出现之前，在线教育行业的学员不再满足于单纯的视频教学，因为视频无法解决互动的问题，因此各种各样的直播课开始流行起来，包括现在各个在线教育平台上常见到的大班课、小班课、一对一和双师课堂等，本质上都是通过直播的方式解决课堂互动问题。直播的出现，主要提升了在线教育的体验，让线上课堂更加贴近线下课堂的体验。

例如，EduSoho 网校系统就是一种融合性教育产品。在课堂上，让学生通过手机屏幕与老师互动，如回答问题、小组讨论，将作品挂在墙上等，使整个课堂更具互动性和趣味性。课后，将生成一份课堂报告，供学生在学习后感受反馈。所有这些学生互动将为每个班级生成分析报告，并为每个学生生成学习行为报告，使线下教室实现了数字化、智能化。

三、优化互联网教育资源供给新方式

提高数字资源教育教学服务能力，是"互联网+"时代教育资源建设的重中之重。服务能力就是输出能力，因此需要探索互联网教育资源供给新方式。

例如，在新型冠状病毒感染疫情防控期间、学校"停课不停教不停学"的大环境下，A 校通过网络远程教育保障了疫情防控期间线上教育教学质量和效果。A 校自 2020 年 2 月初启动"停课不停学、停课不停教"活动筹备工作以来，教务处、图形信息中心、督导室等职能部门配合研究部署网络教学方案，确保网络教学的顺利开展和推广。在疫情防控期间，A 校结合爱国主义教育，以党领导人民同心同德抗击疫情的伟大实践为生动案例，激发学生爱党爱国，加深热爱家庭和国家的感情。学校还围绕防疫防控开展网上云课堂活动，以图片、视频、音频等形式向学生介绍抗疫先进事迹和科普防疫知识，开展生命健康主题教育，引导学生尊重生命、承担责任、理性爱国。同时，组织思想政治教研组的几名骨干教师，结合防疫背景和学生代表的思想，在网上向全校同学发表演讲。为了使远程教学更加有效，A 校加强信息技术

的引导，努力保证教学平台的网络畅通和教师教学的顺利进行；督促各级学院和班级做好教师答疑、学生出勤、教学评价和课程评价，多方位评价和开展教学改进工作，确保教学进度和教学质量。A校的这些做法得到了社会的认可，也为未来的教育改革注入了新的元素。

又如，中南大学认真贯彻《高校思想政治工作质量提升工程实施纲要》的要求，积极创新和推进网络教育，构建立体工作矩阵，组建专业网络团队，并通过漫画、微电影、现场访谈等形式，创作了高质量的网络教育作品，取得了显著成效，提高了网络教育质量。

第三节　学校的网络教育资源建设策略

《国家中长期教育改革和发展规划纲要（2010—2020年）》提出："加强优质教育资源开发与应用。加强网络教学资源体系建设。引进国际优质数字化教学资源。开发网络学习课程。建立数字图书馆和虚拟实验室。建立开放灵活的教育资源公共服务平台，促进优质教育资源普及共享。创新网络教学模式，开展高质量高水平远程学历教育。继续推进农村中小学远程教育，使农村和边远地区师生能够享受优质教育资源。强化信息技术应用。提高教师应用信息技术水平，更新教学观念，改进教学方法，提高教学效果。鼓励学生利用信息手段主动学习、自主学习，增强运用信息技术分析解决问题能力。加快全民信息技术普及和应用。[1]"

目前学校方面虽然建设了大量的网络教育资源，但并没有达到预期的效果，没有真正地融入教育教学当中。本节首先从网络教育资源及其类型与建设过程入手，然后对中小学和高职院校在网络教育资源建设上存在的问题进行分析，最后分别给出不同的解决方案。

一、网络教育资源及其类型与建设过程

所谓网络教育资源，主要指的是能创造出教育价值，并以数字信号的形式在互联网上进行传输的教育资源。不仅包括图像、文档和音视频等静态内

---

[1] 国务院. 国家中长期教育改革和发展规划纲要（2010—2020年）[EB/OL].(2010-07-29)[2020-10-10].http://www.gov.cn/jrzg/2010-07/29/content_1667143.htm.

容类文件，还包括讨论组、专题网站等动态资源。比如，其中的图像，目前最常用的图像格式为 BMP、JPEG、GIF、TIFF。再如文档，比较常见的文档资源格式有 WORD、PDF、HTML 和纯文本，其扩展名分别是 DOC、PDF、HTL 或 HTML、TXT。文档是最容易获取和采用的资源。文档资源的下载速度和网络浏览速度都非常快，大多数的教学平台和课件编写工具为文档资源提供了良好的支持。文档资源还可以展示丰富的教学内容和与教学相关的辅助内容。此外，教师可以适当修改文档以满足其教学需要，以便更好地帮助学生学习。

网络教育资源建设的过程，一般包括确立资源建设项目、进行需求分析、确定建设标准、进行资源建设的培训、征集资源、审核与完善资源、资源入库、对建设过程进行复盘并认真做好总结分析等几个环节。

值得一提的是，网络教育资源的建设首先是一个系统工程；其次，建设网络教育资源必须考虑网络教育的特点，要符合网络教育资源的规范，这样才能提高学习者的学习兴趣与自觉性。

二、中小学网络教育资源建设的层次模式

我国中小学网络教育资源数据库种类繁多，诸如教育新闻信息、各类教育统计数据、教研论文数据库、学科教案数据库、试卷数据库、课件素材数据库、教育法规数据库、招生考试数据库、教育产品信息数据库、教育机构数据库、共享软件数据库、图片数据库、动画数据库、视听数据库、百科全书知识库等。这些教育资源库的内容主要是针对中小学教育，表现形式不同，与资源生产、组织、管理相关的职能也有很大不同。

我国中小学网络教育资源建设虽然取得了很大成绩，但也存在一些问题。

如果这些问题得不到解决,将严重影响我国中小学教育资源建设的进程及长远、全面的发展。这些问题主要体现在以下几个方面。

一是缺乏统一规划和协作,教育资源重复建设现象严重。现在有许多公司和企业以盈利为目的参与中小学教育资源建设,基本上属于市场行为,缺乏统一规划。资源建设者之间的合作相对困难,竞争不可避免,容易造成教育资源的重复建设。

二是我国中小学网络教育资源数量和种类不足,内容不够丰富,不能满足学生的学习需求。由于缺乏良好的网络素材库、网络课程以及网络多媒体课件,致使网络教育资源不足。网络教育资源缺乏的部分原因是当前教育资源的重复建设,导致不同的公司和学校只注重提供课堂教学内容,资源库建设基本上以基础教育知识点为重点。

三是教育资源库重建设而轻功能。许多教育资源库将资源作为卖点,关注的是如何创造更多的资源。但这些资源的组织非常原始和单一,提供的查询和检索服务也非常初级,资源库的功能较差。由于资源组织得粗糙,这些资源数据库不能提供方便快捷的浏览,也不能提供多种检索手段以满足用户的各种知识检索需求,用户往往需要话费一定的时间和精力去查找自己所需的资源。所以在未来的教育资源库建设中,要加强其功能建设,让用户能够轻松使用。

四是不同资源数据库之间难以共享数据。由于在资源数据库建设的各个阶段都缺乏统一的标准,不同的资源数据库无法共享数据,甚至元数据也无法相互检查和交换。对用户来说,如果购买多个教育资源库,只能单独使用,不能达到"1+1>2"的效果。

为了提高教学质量,我们应该更直接地介入学生的学习过程,更深入地了解学生在每个学习阶段完成学习任务需要做什么,并采取一定的措施,如创造环境等帮助他们完成思考。换言之,我们必须根据实际情况及时采取行动，通过构建层次模式，提高中小学网络教育资源建设水平。

一方面要统一规划，制定相应的建设标准，充分投入网络教育资源建设。资源建设取决于特定网络教学资源的不同功能，比如，有些提供服务，有些提供资源，有些可以两者兼顾。在这些情况下，应根据具体情况而定，确定拟参考的具体法律、法规和标准以及各方面的投资。如制定《基础教育教学资源元数据规范》，但还需要更多的标准，包括不同的教学素材、课件等教育资源在不同数据库之间互用的标准，以及不同资源库之间交换元数据的标准等。

另一方面要建设各级资源中心，包括国家教育资源中心、区域教育资源中心和省、市教育资源中心。每个资源中心还可以有自己的资源生产中心和资源服务中心。下级资源中心向上级资源中心提供元数据，上级形成统一索引。

总之，要运用多种建设方式，比如，以视听的形式将教育资源网络化，来加强优质网络教育资源的交流与共享，切实提升网络教育资源建设水平，提高教育质量，培养优秀学生。

三、高职院校网络教育资源建设问题及对策

近年来，我国各大高职院校纷纷采取多种措施，推进网络教育资源建设，但并未充分发挥预期作用，主要存在以下问题。

一是内容混乱。高职院校的网络教育资源的实施是由国家、地方教育行政部门和学校管理部门组织的，虽然实施中这些资源在一定范围内是完整有序的，但从高职院校教育的全局来看，这些资源是无序甚至是失衡的，反映出国家、地方教育行政部门和学校在这方面不够重视。就高职院校而言，其网络教育资源建设的核心应是内容建设，建设面向全国的优质、高效、高度共享的网络教育资源，这就需要各高职院校齐心协力去完成。

二是无序发布。高职院校开设的优质开放课程、优质资源共享课程或在线教育资源库制作完成后，存在无序发布的情况，比如，在私有云上发布，这将导致缺乏共享的结果，也给后续的维护和利用带来隐患。作为教育资源的两个主体，如果生产者和维护者之间沟通不畅，将可能导致对资源的错误访问，甚至错误删除，致使资源建设混乱。网络教育资源的无序发布也会给访问者带来不便。

三是缺乏配套软硬件。现实中，很多学生和教师不进行在线学习，其主要原因是用户体验差，而且学习互动的过程过于烦琐。用户体验差和过程烦琐是因为目前能够与终端相匹配的应用数量极不对称，能够使用并具有良好用户体验的应用软硬件配套更是缺乏。除此之外，某些指向网络教育资源的链接常常无效甚至可能与病毒相关，而识别这些网站链接则需要资源使用者提高相应的能力。以上种种影响了人们网络学习的积极性。

四是学习成本高。目前，大多数高职院校因为建设信息基础设施需要大量资金而没有统一的无线局域网，有的高职院校甚至无法接入校园网去获取网络教育资源，这无疑给教师和学生带来了不便。如果教师和学生无法轻松访问校园网，就只能通过中国电信和中国联通等互联网服务提供商提供的移动数据服务进行网络学习，导致学习成本提高，很多教师和学生无法承受。

五是资源不充分共享。共享是教育迅速发展的一个重要原因，是教育资源建设必须实现的功能。现在许多高职院校只是注重开发精品课程、开放课程、数字课件等，而忽视了共享的功能和优势，这种思想和做法一方面阻碍了网络教育资源的推广和利用，另一方面也让教师和学生无法享受到优质网络教育资源的便利。网络教育资源不能充分共享，其意义必然大打折扣，有违教育资源建设的初衷。

为了提高高职院校网络教育资源的利用率，各参与主体包括政府部门、学校、师生和企业等都应转变观念，共同努力，以便更好地发挥高职院校网络教育资源建设的作用。

作为具有主导作用的国家和各级教育主管部门，要在建设网络教育资源、实现教育信息化发展目标方面做好定位和顶层设计，要加强研究，与专家、学者、高职院校等各方共同制定方针政策，真正起到引导作用。尤其是政府部门，不妨通过招投标或社会许可的方式，吸引和引导企业开发出能够与网络教育资源建设相匹配的软硬件，为师生提供统一的接入平台，实现便捷高效的接入。

作为具有重要作用的参与主体，高职院校应通过多种渠道筹集资金，确保信息化建设的顺利实施。高职院校信息化是时代使命，大势所趋，在此过程中，高职院校应充分重视吸收和引进新技术，比如建设校园无线局域网等。局域网建设要充分考虑到"体验"问题，确保全校覆盖，师生可随时随地接入。建设高职院校网络教育资源平台，让教师和学生充分享受网络教育资源平台带来的便利。

师生不仅是教育教学活动的主体，也是网络教育资源建设的主要参与者。教师不仅应积极与企业合作开发网络资源，还应积极与学生沟通和互动。有了丰富的网络教育资源，学生就可以有针对性地进行学习。教师与企业合作其实是有便利条件的，因为我国大部分高职院校与合作企业保持着良好的人才培养合作关系，教师个人要利用好这个条件，与校方合作企业进行深度沟通合作，这不仅可以提高学校的人才输出质量，也有助于自己在教学过程中提高教学质量和提升教学能力。

总之，高职院校网络教育资源建设不仅是一项系统工程，而且任重而道远。这就需要政府部门、学校、师生和企业各方都做出积极响应，迅速行动，这样才能促进高职院校网络教育资源建设的蓬勃发展。

第三章 互联网教育资源建设的技术支撑

技术是教育资源建设的必要支撑，使教育资源的建设与共享成为可能。云计算技术、物联网技术、数据挖掘技术和语义网技术的发展及其在教育领域的广泛应用，主要体现在资源的自动聚合、动态更新和个性化推送等方面，可以有效提升资源应用体验。区块链技术、虚拟仿真技术在教育领域的广泛应用，则主要解决的是当前资源建设中版权保护薄弱、建设及运营成本高、资源共享困难、资源质量低等方面的问题。本章结合案例对这些技术展开讨论，以期助力进一步发挥新技术在互联网教育资源建设中的作用。

第一节 云计算技术

从广义上讲，云计算是一种基于互联网的超级计算模型。它把无数的计算机和服务器连接起来，形成一个巨大的远程数据中心，连接到计算机云上，提供数据存储和应用服务。狭义的云计算是指使用现代网络技术设备，即用户在任何情况下都能通过计算机、手机等设备购买和使用IT资源（硬件、平台和软件）。用户通过网络获得的各种服务只要与互联网相关，就可以称为云服务。

云计算技术能够有效地解决教育信息化建设中存在的问题。例如，在云教育下，学校只需支付运营商要求的网络费用，而国家相关云服务部门会立即获得用户的相应需求，因此学校将不再需要投入越来越多的资金用于硬件的不断升级，从而减轻了学校的经济负担。另外，云计算技术还能为教学提供便利，例如，能方便教师在不同场合开展教学，储存教育资源，提高教学互动性等。

一、云计算对教育信息化建设的影响、作用及应用

云计算为教育教学带来变革，将引领教学环境和教学方法的变化。云计算在教育教学中的应用，在某种程度上可为高校教育信息化注入新鲜的血液，促进教育信息化的发展和观念的转变。[1]

---

[1] 张广雯.云计算对高校教育信息化建设的影响[J].中国化工贸易，2013（3）：1.

在2021年8月24日举行的2021"重庆市大数据智能化智慧应用精选案例"发布会上,重庆市第十八中学的"大数据云计算中心构建中学智慧校园"获评"智慧教育"领域十大精选案例。重庆市第十八中学通过构建"112+N"教育信息化体系来打造一体化智慧校园,该体系包括一张网连通三校区、一个大数据云计算中心、桌面和移动双平台以及多种智慧应用,覆盖教学、家校、办公、宣传、数据和安防六大场景,体现了云计算对教育信息化的重要作用。

事实上,云计算对教育信息化的影响是多方面的,其中最重要的影响是对施教者和学习者的影响。对于施教者来说,云计算技术将教育资源聚集到"教育云"中,施教者可以自由地获得他们需要的各种知识。还可以通过分类管理,对现有内容进行补充、删除和修改,使教育资源更加完善。对学习者来说,云计算环境使学习者能够及时获取最新的教育资源,实现真正的移动学习。云计算还为学习者提供了个性化、人性化的网络学习环境,在这样的环境中,学习者的积极性和主动性大大提高,而这也有助于提高教学质量。

云计算技术在教育信息化建设中的作用主要体现在提高学校管理效率、改变教师的教学方式、激发和提高学生的学习兴趣和创新能力等方面。在学校管理上,学校每年的招生和毕业生离校都有大量的数据,其存储和处理都需要强大的计算能力,而云计算恰恰是整理这些数据的有效工具。在教学方式上,在云时代,教师在参与信息化建设的过程中,应改变固有的教学观念和教学方式,以适应云时代环境下的教与学,利用云计算技术来支持学生的学习和创新,比如,将在线学习和培训作为教学的一部分,逐步实现电子备课和在线辅导,这样一来,师生就可以将全球的远程教育资源应用于日常工作和学习当中。在学习和创新能力上,云计算为学生提供的服务,可使学生自由选择学习内容和学习方法;同时学习所需的材料都是由云计算管理和控制，可随时随地获得学习所需的数据和服务，只需要将计算机连接到互联网，就可以自由建立自己的个性化学习环境，而无须掌握烦琐的软件操作。云计算使学生实现了灵活学习，提高了学生的学习效率，有助于学生创新能力的提高。

在教育信息化建设中，云计算技术应用广泛，不仅带来了教学呈现方式的变化，而且在教学资源获取模式和知识传播模式上也给教育带来更深刻的变革。首先，云计算技术使教育信息化建设得以优化。云计算技术构建了人性化的网络教学环境，营造了个性化的网络学习氛围，减轻了教育信息化硬件、软件建设的压力，实现了教育资源的共建与共享。其次，云计算技术能够助推教育信息化建设。在云计算技术的支持下，学校可以在"云"中存储教育资源，为用户提供网络在线自主学习平台；通过创建云服务教学管理平台，使所有教育信息资源都在同一个"云"中，由此提高了学校的管理效率；同时，运用云计算技术构建的教育资源平台，可以有效整合、集中管理和调度各种教育资源，充分实现信息资源共享，避免重复投资；云计算技术支持云图书馆的扩展，最大限度地为各类用户提供资源获取的服务。

二、基于云计算的教育资源构建的优势与意义

云计算是传统计算机和网络技术发展融合的产物，其融合的对象包括网格计算、分布式计算、并行计算、效用计算、网络存储、虚拟化、负载均衡等。作为一种商业计算模型，云计算可以实现各种资源的按需取用，这种功能应用于教育资源构建，具有以下优势。

一是计算和存储云教育资源。信息技术飞速发展，大量数字化教育资源应运而生。海量的视频、电子教案等教育资源在管理和存储过程中存在诸多

不便，U盘和移动硬盘目前已无法适应教育资源管理和存储的需要，而云计算大规模的、难以想象的计算能力，使其具有巨大的存储容量，能够满足教育资源管理和存储的需求。

二是使云教育资源实现低成本和高效利用。运用云计算技术构建教育资源，一般来说初始设备的投资较少，将计算机接入互联网，就可以充分利用现有资源创建虚拟资源库，而其他方面则可以通过云服务去完成。管理员只要通过统一的操作界面，就可以同时维护多台服务器，从而大大降低了维护成本。因为云计算能够根据当前流量来确定软硬件资源投入的多和少，并且能够指示管理员将空闲服务器放入资源池来提高效率。至于云计算的硬件和网络，其成本则更低，因此构建教育资源时可根据实际需要来购买相关资源。

三是云计算使教育资源更为安全可靠。云计算是通过各种软硬件来确保数据存储的服务与安全的。教育资源的每个数据块都存储在云的节点上，云计算提供商会针对不同用户的业务需求，建立不同的备份策略，并定期进行灾难恢复测试，如果教育资源受到病毒攻击，教育资源就会在云中的其他节点自动备份，这样教育资源的完整性就不会受到影响，数据不会丢失，从而使教育资源的安全得到了保障。

四是云计算让云教育资源实现无限扩展。如果需要进一步丰富云计算中的教育资源，就可以将新的硬件资源放入资源池中，然后根据教育教学的实际需要进行动态扩展，这样就可以满足教育资源的不断扩展和共享需要。

在教育资源构建过程中，云计算技术优势的充分发挥，给教育改革带来了一定的机遇。其意义具体体现在以下几个方面。

一是云计算技术可以改变教学模式。在云计算技术引领下，教师的身份发生了变化，已经由传统意义上的传道、授业、解惑者转换成学习过程中的教育规划者、组织实施者、咨询解答者、资源管理者。教学模式也发生了变化，教师不仅可以依托自己的空间，利用云服务进行个性、丰富的教育资源建设，还可以开展探索式、讨论式、交互式的教学模式的探索。在云计算技术的引领下，学生的学习方式也发生了变化，学生可以依托自己的空间展开个性化、主动性、建设性的学习。师生可以通过各自的空间来认识他人、学习他人的成果，并可以将自己的作品、创新成果上传到云端，这无疑完善和补充了教育资源。总之，云计算技术应用于教育教学，极大地促进了师生对于教和学的双向创新，对教学模式的影响意义深远。

二是云计算技术可以改善实验教学。在实验教学过程中运用云计算技术，能够使知识更加清晰地呈现在学生面前，有利于学生更快、更准确地理解和把握抽象的知识。这是因为，云计算技术不仅能够实现资源存储，还能够对资源进行加工处理，比如，运用动画、视频、模拟等实验手段，可以有效提升实验教学的整体质量。总之，云计算技术的应用创新了实验教学，大大提高了学生的思维能力。

三是云计算技术可以让教育资源在云端得以充分利用。在云计算技术的支持下，教师无论在哪里，只要他们进入云端，就可以同时存储和使用同一教育资源数据，实现学校之间、教师之间的需求沟通和资源共享，从而使教育资源得到充分利用。教育资源能够在云端充分利用，这就为提高教育质量打下了坚实的基础。

三、云教育资源构建的具体实现路径

构建云教育资源，简而言之就是将教育资源移到云上。置于云上的所有教育资源可以按需分配、使用和收费，使教育资源得以最大限度地实现共享，这就有效地解决了教育资源分布不均的问题，降低了教学成本，提高了教学

质量。在具体实践过程中，构建云教育资源的路径有以下两个。

第一个路径是基础设施建设。云计算技术提供的基础设施其实就是服务，主要有存储服务、网络访问服务和计算服务等。

一是搭建资源库。我们要根据现有的服务器实施虚拟化操作，来搭建与之相应的资源库，也就是运用虚拟技术，让网络教育数据资源实现存储、编辑、通信等功能，然后据此构建计算资源池和存储资源池。在构建资源池的过程中，特别要注意存储、编辑、通信等功能的灵活分配、使用和调度。

二是建设云教育资源平台。云教育资源平台是基础设施建设不可或缺的重要组成部分。在平台建设初期，应先建立小规模的云，将数据中心的部分业务迁移到云计算环境，以此积累云计算的运营经验。未来的基础设施建设，可以根据云系统的覆盖范围来应用云教育资源，并力争无限扩大这个覆盖范围，以期更广泛地应用。

第二个路径是项目管理。将教育资源置于云上后，有必要引入项目管理模式。在具体操作上可依照如下流程。

一是项目管理的立项。教育资源建设主管部门应当根据资源需求的类别，确定在一定时期内需要开发的教育资源的名称、类型和经费预算数额等，并据此形成教育资源开发项目的建设指南。

二是项目管理的申报和审批。这个环节相对比较烦琐。首先，相关课程讲师以项目组的名义填写项目申请表，提交给学校资源建设专家组审核，教育软件企业也可以成立项目团队参与项目申请。然后，学校资源建设专家组对项目进行评估，并将评估结果报告给省一级的资源建设专家组审查。资源开发负责人在通过省级审查并最终获批立项后，要与当地的教育资源建设主管部门签订项目合同，合同中最重要的是要明确项目负责人及其所在单位和主管部门的责、权、利，然后才能划拨部分的建设经费。项目开发主体可以是企业、学科教学小组，也可以是教师和企业、教师和学生的合作开发，但无论是哪种形式都必须有一线教师的参与或指导。

三是项目管理的过程控制。过程控制主要是针对省教育资源建设主管部门而言的，该部门要根据项目的进度安排，组织资源建设专家组进行中期检查，然后公布检查结果，并且要提出相关建议，之后再按进度情况安排剩余资金。省教育资源建设主管部门的资源建设专家组对开发的资源进行评审和验收，并提出修改意见。

四是生成资源元数据。通过资源管理平台，省级教育资源主管部门需要将验收合格的教育资源上传到相应的资源数据库中，并生成与资源对应的元数据信息，以便接下来投入使用。

其实，项目管理流程本身也是资源开发的一种模式，通过项目管理可以建设直接支持一线教学的优质教育资源。这种以一线教师为主要参与者的教育资源建设方式，不仅可以培养教师的教育资源建设意识和信息技术技能，同时也创新了教育资源建设模式。

第二节 物联网技术

物联就是物与物、物与人相连,物联网就是物与物或物与人相连而结成的网络。刘陈等学者对它的定义是:物联网是指通过各种信息传感器、射频识别技术、全球定位系统、红外感应器、激光扫描器等各种装置与技术,实时采集任何需要监控、连接、互动的物体或过程,采集其声、光、热、电、力学、化学、生物、位置等各种需要的信息,通过各类可能的网络接入,实现物与物、物与人的泛在连接,实现对物品和过程的智能化感知、识别和管理。[①]

物联网技术应用于教育领域的实例有很多,诸如自动跟踪学生的学习、指导老师进行个性化教学、实时监控系统等,可以更好地保护学习环境,打造智能教育。

一、物联网在教育领域的应用案例和成果

作为一个让所有能够被独立寻址的普通物理对象形成互联互通的网络,物联网技术在教育领域的应用,已经有不少成功的案例和成果。

一是物联网技术可以创新课堂交互形式。课堂交互不仅是课堂上语言和非语言的交流,还是一种课堂上社会关系的反映。在良好的课堂交互过程中,学生的课堂学习将变得更为生动、主动、有意义,也会增加学生的自信心,

---

[①] 刘陈,景兴红,董钢.浅谈物联网的技术特点及其广泛应用[J].科学咨询(科技·管理),2011(9):86—88.

改善学生的思维，提高学生的创造力。事实上，物联网技术支持下的智慧教育，如基于物联网技术的智慧白板、录播系统和班班通系统等，能够实现教师高效备课、师生高效交互、管理上高效监督及教育资源的充分分享，颠覆了原有的"写完了举个手"的交互形式。除了智慧白板、录播系统和班班通系统，通过传感器手表、眼镜等可穿戴设备，可以记录学生的生理信息，教师可根据这些信息调整教学内容和教学方式，比如，鼓励典型学生发现问题并表达出来，或辅导表现异常的个别学生。

二是丰富教学资源。除了网络中的教学资源如录播视频、分层题库和师资管理分享等可相互借鉴，物联网技术还支持引入更多外部资源，如建立和科研单位、科学实验室的资源互动机制，为传统课程引入新的动力，提升学生兴趣。

三是教育管理。物联网技术在教育管理方面的成果体现在三个方面：其一，学生可以反馈很多有价值的信息数据，如出勤表现、课堂表现、成绩表现及练习情况等。教师可以根据这些数据进行分析、预警，以便及时发现问题和引导、纠正这些问题。其二，数字化校园中的物联网应用可以覆盖校园的各个领域，比如，通过校园一卡通服务和校园监控，可以有效降低校园安全事故发生的可能性。此外还有安全跟踪、智能图书馆建设、人员和设备管理等领域的应用。其三，物联网技术可以帮助管理仪器设备。比如，在大型会议设备、体育设施、教学仪器等各种设备上粘贴射频识别（RFID）标签或传感器，这样就可以进行统一管理和调度，有效防止仪器设备的丢失。当仪器出现高温、停电等问题时，传感器也能自动报警，防止事故发生。

二、智慧校园建设中的物联网技术应用实践

这里的智慧校园，主要是指基于物联网技术而实施的校园网络管理。从智慧校园的总体框架来看，可分成感知层、传输层、服务层和应用层。感知层包括标签、校园一卡通等设备，它们可以为系统提供接入接口；传输层是一个多网融合的网络传输环境，主要包括有线网络、无线网络等；服务层提供了各种数据存储环境，如云计算环境等；应用层是一个不同信息应用服务平台，可以给受众提供智慧教学。不难看出，其中的每一层都与物联网技术相关。

在智慧校园建设过程中，物联网技术的应用是十分广泛的，主要有以下的应用场景。

一是物联网技术应用于智能教学。智能教学是通过模拟技术整合各地工作在一线的特级、高级教师和教学专家的教学资源和教研成果进行科学分析、智能判断及有目的地提供即时、有效、全面且具有针对性的教学。在物联网技术下的智慧校园里，借助无处不在的校园局域网络，师生可以开展丰富的课外互动交流等活动；同时，也可以创建智能校园综合信息知识库，这将有利于激发学生的兴趣爱好，促进学生的全面发展。

二是物联网技术应用于实验室资源管理。实验室可使用的资源包括财务资源、设备资源、设施资源、环境资源、组织资源、人力资源、技术资源、方法资源、信息资源等。现代社会对学生实践能力的要求越来越高，学校实验室可以根据物联网技术进行管理，最终达到改善实验室资源的目的。比如，通过调整RFID标签，就能为有效读取实验室信息数据提供方便，并及时向管理人员反映实验室的具体情况；通过物联网技术，实验室管理人员还可以随时了解实验室设备，从而更好地实施维护管理，避免损坏实验室设备。

三是物联网技术应用于智能图书馆。智能图书馆是指把智能技术运用到图书馆建设中而形成的一种智能化建筑，是一个不受空间限制，但同时能够被切实感知的概念。物联网技术下的智能图书馆主要利用 RFID 标签实现借阅图书的智能化管理。图书馆采用一卡通系统，通过刷卡实现图书自助借阅。此外，随着流动图书车应用范围的不断扩大，图书借阅和归还的管理效率可以得到更好的提高。

四是物联网技术应用于智能一卡通系统。智能一卡通是物联网时代下的一个典型应用。物联网技术支持下的智能一卡通系统，涵盖了考勤、就餐等丰富功能，操作特别方便。

五是物联网技术应用于智能考勤管理。物联网技术支持下的智能考勤管理，指的是在校园内的学习、宿舍等区域安装门禁系统，使用一卡通来代替人完成考勤任务。比如，对于夜间不返回学校的学生，智能宿舍检查系统会自动清点所有信息并发送给宿舍管理人员，这有利于学校宿舍管理的规范化。

六是物联网技术应用于智能照明路灯。物联网技术支持下的智能照明路灯是学校用电管理的重要应用。一般来说，当教室是空的时，路灯仍然正常工作，这将不可避免地导致能源浪费。而基于物联网智能照明系统，控制器可以安装在教师办公室、学生教室等校园环境的灯具上，联系教室的具体应用，远程控制校园灯具，调整各个区域所需的照明，达到节电的目的。同时，不会对正常照明造成任何干扰。

第三节　数据挖掘技术

数据挖掘就是通过一定的技术来分析大量的数据，从中找出对我们有用的数据的过程，即从存放在数据库中的数据中获取有效的、有价值、最终能被我们所利用的数据。①

大数据在教育领域内的广泛应用主要是挖掘教育大数据的潜在价值。以美国的几所学校为例：鞍峰学院的高等教育个性化服务助理系统利用学生数据成功实施了个性化教育；普渡大学的课程信号系统是一个典型的以大数据为基础的预警干预系统，该系统不仅能够协助学生获得课程学习的成功，辅助教师完成课程教学，提高教学质量，优化教学效果，而且还诠释了教育大数据在学业预警干预方面的价值，为大数据在教育领域其他方面的应用奠定强有力的基础；奥斯汀佩伊州立大学基于学习分析技术建立的学位罗盘个性化课程推荐系统，依据每个学生特有的学习风格和习惯，为其提供个性化的教育教学，以满足学生个体的不同学习需求，实现真正意义上的个性化教育，从而促进教育公平的发展，同时也为教育大数据在个性化教育方面的应用提供可靠的依据。

挖掘教育大数据的潜在价值也就是数据挖掘技术，它与计算机科学有关，属于计算机科学范畴。数据挖掘过程就是决策支持过程，它主要是运用人工智能、机器学习、模式识别等技术，经过高度自动化地分析机构内外部数据并进行归纳性的推理，从中挖掘出潜在的模式，从而帮助决策者做出正确的

---

① 孔洁，刘杨.数据挖掘技术分析［EB/OL］.（2017-12-15）［2022-10-10］.https://www.fx361.com/page/2017/1215/2573575.shtml.

决策。

随着教育资源逐渐"云"化,人们已不像以前那样对教育资源只有"量"的要求,而是对教育资源的质量提出了更高的要求,更关心"质"的问题,如"云"上信息存在的时间长短问题、信息的价值、下载问题等。数据挖掘技术应用于教育资源建设,可以提高资源利用率,改进资源组织结构,提高资源下载速度等,从而有效解决"质"的问题。

一、数据挖掘概念与数据挖掘过程

数据挖掘是指从数据库的大量数据中揭示(挖掘)出隐含的、先前未知的并有潜在价值的信息的过程。其常用的技术包括统计技术、关联规则、连接分析、决策树、神经网络、差别分析、概念描述等。

数据挖掘是目前人工智能和数据库领域研究的热点问题,又称数据库中的知识发现,具有基于大量数据、非平凡性、隐含性、新奇性、价值性等特点。数据挖掘是一种新的信息处理技术,其主要特点是对数据库中的大量数据进行抽取、转换、分析和其他模型化处理,从中提取关键性数据。简而言之,数据挖掘其实是一种深层次的数据分析方法。

从过程来看,数据挖掘主要包括以下七个步骤。

第一步:定义目标。在对数据进行挖掘之前,必须对目标有一个明确的定义,也就是你具体想做什么。你要了解的业务问题就是你的目标。

第二步:搭建数据挖掘库。搭建数据挖掘库要按照以下步骤依次进行:数据收集→数据描述→数据质量评估→数据的清理、合并和集成→构建元数据→将元数据加载到数据库→维护数据库。

第三步:分析数据。数据输出受到许多因素的影响,通过数据分析,便可以找到对数据输出影响最大的数据字段，然后根据需要来决定是否导出。如果数据集包含数百个字段，为了省时和省力，要选择一个好的界面和功能强大的工具软件来帮助人们做这些事情。

第四步：准备数据。这一步是从相关的数据源中选取所需要的数据，然后整合成能够用于数据挖掘的数据集。要依次按照以下四个步骤进行：选择变量→选择记录→创建新变量→转换变量。

第五步：建立模型。建模是一个迭代过程，这个过程需要我们仔细检查不同类型的模型，然后确定哪种模型对当前面临的业务问题最有用。首先利用部分数据建立模型，然后利用剩余数据来验证模型。因为测试集可能会受到模型特征的影响，所以有时会出现第三个数据集也就是验证集，此时就需要一个独立的数据集来验证模型的准确性。

第六步：评价模型。建立完成模型之后，还必须对模型进行评估，并解释模型的价值。因为经过测试集获得的模型的精度仅仅对用于建立模型的数据有意义，而在实际应用中还需要进一步了解错误的模型类型和相关成本。从实践经验上说，有效的模式未必一定是正确的模式，其直接原因是模型建立过程中隐含着各种假设。因此直接测试模型是非常重要的，首先应在小范围内进行应用，待获得了满意的实验数据之后，再在大范围内进行推广。

第七步：实施。模型建立和验证合乎要求后就是实施。实施的目的主要有两个，一个是为分析师提供参考，另一个是将此模型应用于不同的数据集。

二、利用数据挖掘，构建教育资源库

对教育资源库，按照通常的理解，它指的是各种有关教育的资源的汇集。这里所讲的教育资源库建设，主要指的是网络教育资源库的建设，网络教育资源主要指的是素材类资源、网络课程、教学资源管理系统和通用教学系统支撑平台。其中，素材类资源包括多媒体素材库、课件库、学件库、案例库、电子文献、题库等；网络课程包括课件库、学件库、电子教案、交互实验室、虚拟现实实验室等；教学资源管理系统包括课件制作系统、授课观摩系统、智能教学系统、视频点播系统、自助考试系统、电子备课系统、电子图书馆管理系统、课件制作工具、系统组卷与分析系统等；通用教学系统支撑平台包括电子备课系统、信息发布系统、视频会议系统、教育统计系统等。

目前，网络教育资源库问题很多，其中最突出的问题就是资源利用率低，这一点有两个原因：一个是找不到解决问题的资源。要么是真正能够解决问题的资源根本不存在，要么是这种资源虽然存在但没有被发现；另外一个原因是找不到适合自己学习能力的资源。要么是资源本身的难度与学习者已有的知识结构之间存在差异，两者的差异越大，资源的利用率就越低；要么是学习者的文化背景影响了资源的利用率，文化背景如语言的壁垒、思维方式、年龄阶段与接受知识的能力等，都是影响资源利用的相关因素。这两者都将影响学习者对资源的利用，也就出现了资源利用率低的问题。

除了资源利用率低，还有学习过程不适合个性化学习的问题，这一点也是当前网络教育资源库的根本问题，主要表现是缺乏多样性的资源，现有的资源数据库在内容呈现方面仍然是统一的，虽然学生可以找到自己需要的内容，但"整齐划一"的内容形式无法满足以分析为导向的个性化学习的需求。事实上，教育资源越丰富，权衡的准确性和效率就越重要。这就需要构建个性化学习服务系统，帮助学习者筛选信息，满足学习者的个性化学习需求。

除了上述两方面的问题，资源库信息检索功能不完善也是问题之一。这是由当前的网络环境所导致的，而主要原因则是资源库的资源组织结构、搜索查询功能的设置不科学。目前大多数资源数据库是根据资源的存储类型建立的。这种类型的数据库易于建立但难以使用，学习者需要不断地从这一页跳到那一页，以查询相关的知识点，很难通过单一的搜索功能立即获得所需的内容。

对于上述网络教育资源库存在的问题，数据挖掘技术则有了用武之地，将这项技术应用于资源库的建设，就可以有效地解决这些问题。利用数据挖掘技术建设网络教育资源库，应针对网络教育资源库存在的问题，最终实现以下目标。

一是提高网络教育资源库利用率。一般来说，学习者选择学习资源最初是随机的，具有盲目性。为了避免这种盲目性，提高资源的利用率，资源库建设者应该让更多的学习者全面了解资源库，这就需要资源库建设者挖掘潜在用户；同时，资源库建设者要关注用户的驻留，不要让使用资源库的用户流失。挖掘潜在用户，首先要通过分析用户访问信息来确定用户类型，然后将页面设置为一些特定的动态显示，以此来吸引用户。为了延长学习者在资源库的停留时间，资源库建设者应该了解学习者的浏览行为以及他们的兴趣和需求，然后有针对性地动态调整网页，以满足他们的特殊需求。

二是完善网络教育资源组织结构。通过完善网络教育资源组织结构来实现个性化服务，是网络教育资源库建设的最高目标。为此，资源库建设者要尽一切可能让每一位学习者在浏览资源库网站时都能感觉到自己是网站的重要用户，尽一切可能满足每一位学习者的兴趣和需求，并不断调整资源组织结构，以满足学习者不断变化的需求。具体来说，可以通过对网络日志数据、学习者学习历史和学习结果评价的分析，来挖掘用户的使用需求，并据此为用户提供个性化的服务。比如，使学习者的学习界面使用起来更加便捷，使学习者关注的链接更加醒目，为学习者动态推荐网页等。

第四节　语义网技术

语义网是一种能理解人类语义的智能网络。"语义网"是英国物理学家、万维网设计师和创始人蒂姆·伯纳斯·李于1998年提出的概念。目前广泛认为语义Web是万维网的扩展，根据W3C的定义：语义Web提供了一个通用框架，允许在应用程序，企业和社区之间共享和重用数据。[1]

语义网的宗旨是使网络中的信息尽可能多地都具有语义，在网络世界中流动的不再是简单的数据流，而是计算机可以理解的语义"元数据"，更便于人机交互与合作，从而实现网络资源在最大范围内的共享。语义网与传统网络相比，更加符合未来学习环境对开放化和个性化的追求趋势，这无疑对教育资源建设工作实践具有指导意义。

一、语义网在教育资源建设中的应用

语义网通过添加一些可以被计算机"理解"的语义信息，将人们从各种烦琐的工作中解放出来，并以"智能代理"的方式帮助完成工作。一个典型的例子是语义网信息检索技术。语义网使用智能搜索代理，将为人们提供他们真正需要的信息，不像其他搜索引擎那样输出成千上万无用的搜索结果。语义网的人性化信息检索技术在教育资源共享环境建设和提高教育资源的整体利用率方面具有巨大的优势。

---

[1] zxhohai. 语义Web简单综述（XML、RDF、OWL、知识库、知识图谱）[EB/OL].（2018-04-22）[2022-09-01].https://blog.csdn.net/hohaizx/article/details/80043623.

一是生态环境创造。网络从 1.0 到 3.0 的不断更新和发展过程，充分展示了人们对未来人性化、智能化网络发展的需求趋势。在网络 3.0 时代，人们不再满足于只是获取海量信息，而是更倾向于追求信息获取的准确性和人性化。而语义技术不仅是网络 3.0 时代的一个亮点，也是语义技术的优势所在。不过就目前情况来看，语义网的实现需要有良好的网络平台予以支持，而我国现在的主要问题是支持语义技术的教育资源网站不多。为了打造可供学习者广泛使用的网络平台，有必要运用语义网技术来增加教育资源网站的数量及其范围，将智能语义程序应用于计算机、移动学习工具和其他的终端设备，从而形成一个依靠语义网技术的"智能个体"群，并进一步形成智能语义学习的生态环境。只有这样才能为语义网技术在教育实践中的广泛应用提供一个良好的网络环境。

二是"分类打包"已经建成的异构教育资源。我国成熟的教育信息化标准相对较晚，在建立权威标准之前，我国的教育资源建设一直在大力开展，但在权威标准制定后，教育资源建设各自为政，那些尚处于初始规模的教育资源仍不够规范，教育资源建设主体的多元化难以实现统一。此时，也很难在"自治共享"的层面上重新规范教育资源。在这种情况下，使用标准化语义标签，对已经构建完成的异构教育资源进行"分类打包"，将异构教育资源融入新的语义生态资源环境中，就可以避免教育资源重复建设所造成的教育资源浪费，从而提高教育资源的整体利用率。

二、学习资源中心设计思路与功能模块

社会化语义网是在网络 2.0 和语义网研究和发展的基础上建立起来的新一代网络应用模型。它结合了网络 2.0 和语义网的优点，将构建一个语义丰富的

社交网络。社会化语义网拓展了更完善的虚拟学习空间，有助于促进知识的合作、共享和聚合，实现准确的语义知识搜索，为网络学习提供了新的智能化的学习环境和平台支持[①]。

运用社会化语义网技术建设的高校数字化学习资源中心，可以从根本上实现学习资源的共建共享，从而突破高校教育信息化发展一直存在的瓶颈。接下来，我们将讨论基于社会化语义网的高校学习资源中心的设计思路和功能模块。这也是语义网在网络教育资源共建共享中的新应用。

在设计思路上，高校数字化学习资源中心的建设，首先要建设教师、学生、专家等用户的学科资源库、媒体资源库和个人资源库，同时要使每一个资源数据库中的数据可以在基础层面上进行交互操作，实现教育资源在各个资源数据库之间的相互循环，这也就是共享；其次要为教师的教学、科研，学生的学习、创新意识培养等提供良好的资源支持和环境支持；最后要为校际、区域间、国家间乃至全球范围内的教育资源共享奠定基础。

社会化语义网的出现和发展为高校数字学习资源中心的建设提供了技术支持。社会化语义网的特点是以用户为中心，在语义层面实现资源的全方位互联。这些特点正好满足了高校数字化学习资源中心建设的需要。基于社会化语义网的高校学习资源中心不仅可以关注教师、学生和其他用户，而且可以最大限度地共享资源。

高校数字化学习资源中心的功能主要体现在五个模块，即资源导航系统、数据库系统、学习与科研中心、评价激励系统和管理系统。下面我们对这五个模块逐一介绍。

资源导航系统的导航功能主要体现在资源搜索和资源统计上。通过本系统，资源中心的用户可以了解到教育资源的范围、类型、表现形式、推荐资

---

① 王萍.基于社会化语义网的网络学习初探［J］.中国远程教育，2011(3):5.

源和最新资源，用户通过主动检索、目录选择和智能推荐，就可以获得自己所需要的资源。

数据库系统以"用户"为核心元素，集语义网技术和网络2.0技术及其应用为一体，实现了各种教育资源的创建、积累和共享。该系统包括基于语义网的学科资源库、基于社会化语义网的个人空间和公共资源库等。

学习与科研中心具备了基于语义wiki（维基）的发布协议，基于语义SNS（全称social networking services，即社会性网络服务）的共享、发起活动、群组论坛等功能。通过学习与科研中心，用户可以创建一个网络学习社区，运用各种网络应用技术，用户可以在学习过程中进行信息和情感的交流，共享学习资源，共同完成一定的学习任务，从而在成员之间形成一种在互动中相互促进的人际关系。

评价激励系统旨在鼓励用户不断向资源库输出新资源，加速资源库中的资源循环，使优质资源脱颖而出，实现优胜劣汰。它包括用户评价、系统智能评价和用户评分三个子系统。用户评价包括资源评分、资源评论和资源投票。系统智能评价是综合分析资源被引用、共享、收集的次数和资源评分趋势，对信息进行宏观上的评价，使新闻时效性强的资源能够在时效范围内及时推荐给读者；能够更快地发现和共享新的优质资源，用户可以及时找到分数低但上升趋势强的资源，不断提升真正优秀资源的分数，并显示在主页上面的推荐排名列表中。用户评分系统根据用户在资源数据库中的贡献和对资源的评价，为用户提供相应的分数，用户贡献越大、点数越多，用户的权限也就越高。

管理系统是对用户以及权限、资源和安全的管理。其中的用户包括系统管理员、学生、教师、专家和游客。系统管理员有权管理用户、授予权限、管理资源和维护系统安全。资源管理主要包括对资源的上传、下载、统计、删除、收集等。安全管理主要包括用户数据安全、系统运行环境安全、数据库安全、网络通信安全等方面的管理。

高校数字化学习资源中心在落地应用上，主要是实现三个方面的对接：一是与网络教学平台对接。学习资源中心与网络教学平台的无缝连接，可以为网络教学提供良好的资源服务。学习资源中心与网络教学平台实现对接后，教师在备课时就可以直接进入资源中心选择相关的备课资源。在网络教学平台的学习过程中，学生可以随时进入资源中心查询所需要的资源。教师和学生可以在资源中心形成一个电子学习社区。二是与科研系统对接。学习资源中心与科研系统连接后，教师和专家可以在学习资源中心形成科研社区，同时在科研中产生的各种显性和隐性资源也可以为学习资源中心注入新的活力，保证学习资源中心资源的先进性和新颖性。三是与实验教学系统以及其他管理系统对接。这方面对接完成之后，可以促进学习资源中心的运作和发展；同时，通过开发实验教学系统等管理系统，也可以丰富学习资源中心的内容，拓展学习资源中心的功能。总之，学习资源中心只有与实际教学、科研及相关工作相互结合，才能在实际的教学、科研及相关工作中发挥作用，体现出它的价值。

第五节　区块链技术

工信部于 2016 年 10 月颁布的《中国区块链技术和应用发展白皮书（2016）》指出："区块链系统的透明化、数据不可篡改等特征，完全适用于学生征信管理、升学就业、学术、资质证明、产学合作等方面，对教育就业的健康发展具有重要的价值。"①

教育部等六部门于 2021 年 7 月联合印发的《关于推进教育新型基础设施建设 构建高质量教育支撑体系的指导意见》将"深入应用区块链等新一代信息技术"纳入基本原则，提出要充分发挥数据作为新型生产要素的作用，推动教育数字转型。

区块链技术的出现，让人们对当前教育模式的痛点问题有了全新的思考，并尝试新的解决途径。区块链本质上是一个去中心化的数据库，是指通过去中心化和去信任的方式集体维护一个可靠数据库的技术方案。

区块链技术具有去中心化、开放性、独立性、安全性和匿名性的特点，区块链技术被认为是互联网发明以来最具颠覆性的技术创新。就应用而言，区块链是一个分布式的共享账本和数据库，存储于其中的数据或信息具有"不可伪造""全程留痕""可以追溯""公开透明""集体维护"等特征。

区块链的这些特征在开放教育资源新生态构建上发挥重要作用，是解决开放教育资源现存难题的重要途径和手段。那什么是开放教育资源？所谓"开放教育资源"，是指通过信息与传播技术建立起来的教育资源的开放性供

---

① 工业和信息化部.中国区块链技术和应用发展白皮书（2016）[EB/OL].（2016-10-08）[2022-10-10].https://www.xdyanbao.com/doc/i1k4ggmk61?bd_vid=10706713124986309763.

给，用户只要不是商业性的目的，就可以参考、使用和修改这些资源。人们平时经常应用的开放教育资源，都是免费开放的数字化教育教学材料，教育工作者、学生及自主学习者可以在他们的教学、学习和研究中使用和再次使用这些数字化教育教学材料。这些材料主要包含学习内容、软件工具和实施资源三个部分：学习内容包括完整的课程、课件、内容模块、学习对象，以及论文集和期刊；软件工具有助于开发、使用、重复使用及传递学习内容，它包括内容的搜索与组织、内容与学习管理系统、内容开发工具和在线学习社区等；实施资源指的是能够促进教育教学材料公开发布的知识产权许可，此外还有最佳实践的设计原则和本地化内容等。

区块链的上述特征应用于开放教育资源，其主要应用价值体现在四个方面：加强版权保护、降低运营成本、促进资源共享和提升资源质量。下面我们具体来看。

一、信息的永久性和不可篡改性可保护版权

区块链系统中版权信息的审查和认证是根据预定义的程序和规则自动执行的，每个元素都是完全开放和透明的。区块链技术最为显著的特点就是可以确保数据信息的永久性和不可篡改性，让版权信息具有不可异议性，这一特点可以为司法取证提供强有力的技术保障和确凿证据。区块链确保数据信息的永久性和不可篡改性的特性应用于教育资源版权保护领域，具有以下三方面的优势。

一是让版权的信息安全性得以增强。

现实中，开放教育资源领域版权信息的安全问题有许多痛点：首先，在实际的教学、教研工作中，教师的教学、科研成果和学校的科研成果很容易

被剽窃和强占，知识产权得不到保护，因而严重挫伤了教师的教学、科研和创新的积极性。其次，学术界学术论文的剽窃和改编现象十分普遍，不仅侵犯了原作者的权益，而且阻碍了我国的科技创新。最后，开放教育资源的各类盗版甚嚣尘上，教育工作者尤其是老师辛苦创作的课件习题，以及分享的教学思考、课堂实录、教学课件等教育教学资源无法得到有效的保护和流通。

区块链技术的"不可伪造""全程留痕""可以追溯"和"公开透明"等特征加强了知识产权保护，从源头上彻底解决了版权归属问题，使在线教育资源的版权保护更加简单、方便、低成本。教师可以通过运用区块链技术建立的教育平台首发自己的作品，作品在交易和流动过程中，所有信息都记录在区块链的节点上，每个节点的信息都是透明的和不可篡改的，当发现被剽窃、盗版的情况时，就可迅速追溯、取证，这样就加强了知识产权保护。此外，数字校样可以与现有应用程序无缝集成，并且每个文本、图片、音频和视频等教育教学资源都可以加盖唯一的"时间戳"作为身份证书。"时间戳"与其他交叉验证方法相结合，就可以从根本上确保数据的完整性和一致性，保护了知识产权。当用户引用和转载这些教育教学资源时，系统会自动嵌入版权信息，以保护作为资源创建者的教师的版权。

这里顺便说一说区块链加密技术，它是为保证在开放式环境中网络传输的安全而提供的加密服务。区块链加密技术有公钥加密（即非对称加密）和私钥加密（即对称加密）两种类型。在公钥加密机制中，使用开放教育资源的发送方和接收方保存的公钥对开放教育资源的信息进行加密。在私钥加密机制中，为每个用户生成两个相关密钥，一个由用户私密保存即私钥，另一个放在公共区域即公钥。如果有人想向你发送教育资源信息，这个人将使用你的公钥对这些信息进行加密，当你收到信息后，又可以使用私钥对信息进行解密。公钥和私钥加密机制更容易避免版权信息泄露和黑客入侵，防止用户版权信息的灾难性或永久性丢失。就一般情况而言，信息加密是公钥加密＋私钥解密，确保信息的安全性；数字签名是私钥加密＋公钥解密，确保数字签名的归属性；登录认证是私钥加密＋公钥解密，确保信息安全且有效。

二是让版权的认证成本得以降低。

从原创行业的痛点上说，原创产品自然属于教育资源的一种，但要想保护传统的开放教育资源版权信息，就需要由版权管理机构进行实时监管，如此则需要大量的人力和物力去认证版权信息。目前，传统的开放教育资源产权保护手段已经越来越不能满足原创行业批量版权登记的需求，原创行业亟须引入可靠的新兴技术来提供全方位的护航。

运用区块链技术建立的版权保护机制是一种"公众监督"的方式，这种方式与传统的向版权管理机构提交版权信息的方式相比更为可靠，因为该方式将版权信息广播到全网，并使系统中的所有用户都能通过"工作量证明"机制来维护和监督版权信息，可以有效解决版权欺诈问题；同时，正所谓"群众的力量是无穷的"，在公众监督过程中，所有参与者可以一起进行认证、维护和运营版权信息，也大大减少了版权认证方面的费用。

三是让版权纠纷的问题得以有效解决。

互联网的发展让信息得以快速传播的同时，也让版权纠纷问题日益突出。有研究数据显示，图片、短视频、影视作品和文字作品是当前网络版权纠纷问题的"重灾区"，这些信息在版权内容交易平台、自媒体平台和移动 App 上被用来营利，侵害了原创者的利益。另外，在数字时代版权的使用是快速和直接的，当前版权使用的所有权并不明确，人们对版权的了解也不够充分，这导致了盗版和侵权的泛滥，以及原创者维权的困难。

区块链可以从源头上解决开放教育资源的版权纠纷问题。借助区块链技术的可追溯性特征，可以使开放教育资源的所有版权的开户、登记、交易、支付等信息均在开放透明的数据库中完成，其"全网确权""信息留痕""可追溯"的特点，使版权注册或交易的整体链条清晰可查。而这些登记信息又能同步传送到机构比如司法鉴定中心进行备案，一旦发生版权纠纷，司法部门只需调取区块链数据库中的相应信息，并根据版权的数字身份地址进行追溯，就可一键完成传统机制下举证、审验、取证的全部流程，不仅节约人力、时间成本，还降低了人工操作的出错概率，保证了证据的精确度、权威性和可靠性，对减少版权纠纷、维护司法公正起到重要作用。由此可见，区块链电子存证扮演着"关键证人"的角色，版权纠纷的仲裁员可以据此来仲裁知识产权归属。

二、去中心化、分布式、智能合约降低成本

区块链的去中心化特点相当于"没有中间商赚差价"，将这一特点应用于开放教育资源建设与运营，可以节约大量中介成本，减少运营平台的资金投入，降低运营成本。目前我国有许多开放式教育资源建设平台，不同的组织在使用这些资源共享平台时，需要投入大量的资金来保证平台能够正常运行，同时还要支付维护人员的费用，这是无法节省的一大笔资金。而区块链相当于网络节点上的无数个分布式账本，每个用户都是一个节点，这样就取消了操作平台的中介角色。通过点对点的通信来共享资源，可以减少中介平台、人工操作等中间环节，节省大量的中间资金投入。

将区块链的这种去中心化特点应用于开放教育资源运行机制，可以降低运营成本。

一是降低平台的协作、交易和维护的成本。

教育资源要想在网络上流通，需要在机构的平台之间进行协作，这种协

作既要解决跨平台的技术难题,也要提供平台之间的人力资源。而通过区块链去中心化的方式来移除机构的中心运营平台,就可以减少因解决跨平台技术难题或提供人力资源而带来的资金投入,从而降低平台之间合作和共享的成本。

区块链的中心化不是"万能钥匙",不可能解决一切问题,比如两个陌生人要建立一个信任关系,就需要别的技术手段来辅助,否则建立这个信任关系的成本非常昂贵。但是在平台交易方面,有些事情是可以用区块链中心化的方式来做,尤其是多边平台的参与方不是三方,而可能变成五六方,这时候可以用去中心化的区块链来运行这样一个多边平台,区块链可以将交易成本中的信任成本大幅下降,下降到从交易成本角度来说更适合的程度,因此也就出现了分布式商业。

中介平台的开发、建设、管理和维护都需要很高的人力、物力和财力成本,教育相关部门和平台运营机构可以减少这方面的投入,构建开放的教育资源自组织管理和运营模式,这样就可以有效降低管理和维护成本,从而减少平台运维的资金投入。

二是降低资源监管审查成本。

利用区块链分布式的特点,可以存储与记录教育资源信息,同时每个节点上的资源信息都可完成自我验证、自我维护与自我管理,不再需要依靠传统的中心运营平台的认证审查。这种自动的、个体化的资源审查模式,也就是各个节点的资源创建者参与资源审查认证模式,将有助于减少在资源审查认证方面的资金投入。

以教培市场的资源审查为例,目前这个领域存在的痛点是:首先,教培机构是违法违规经营的重灾区。这类案件屡见不鲜,比如,涉嫌合同欺诈、违约,甚至还有高昂的"保过协议",虽然合同中约定"不过退费",但实际上是"不过不退费",或者是推诿拖延,这种情况相当普遍,有的是以"未按照合同约定完成课程"为理由,有的则干脆不给出任何理由直接拒绝。教培机构的授课教师对学生考试通过率、评价造假现象也很普遍,严重误导了学员或家长的判断和购课决策。此外还有很多闻所未闻的合同陷阱等,造成了极坏的社会影响,违背了教育的初衷。面对这些情况,受害的学员或家长要想通过法律手段解决问题则耗时耗力,诉讼成本极高,而法院也面临着取证难的问题。其次,行业竞争加剧。对于培训机构来说,被竞争对手恶意交易和评价的现象多有发生,有的甚至闹得对簿公堂,给本该光明正大的教育事业带来了负面影响。

应用区块链技术可以降低教培市场的监管审查成本,从而减少社会纠纷;也能有效降低运营成本。在监管审查方面,可以通过公用链和私有链的相互结合,构建一个全国教培市场管理区块链系统,建立起全新的合约体系,敦促学员和培训机构加入智能合约,并将合约的结果实时公开,使学员和家长能实时获取真实的考试通过率和课程评价、准确的培训效果,而不是传统的培训机构的单方面宣传甚至忽悠。学员和培训机构分别按照合约的协议支付既定的学费或保证金,达到合约系统设定的条件时,合约执行活动触发,按照协议执行后续工作。

三是降低人才档案管理和学生教育经历认证成本。

区块链系统可以将学生在幼儿园、小学、初中、高中和大学的所有学籍档案,如在校表现、所获荣誉和惩罚记录等所有信息如实记录。这些记录上还有记录人的信息和记录时间,这些一经记录将无法修改。当有调取档案的需要时,只要经过当事人的授权,就能方便地从互联网上查看到完整且真实可靠的档案信息。

人才档案管理现在的痛点在于:首先,我国人才的档案流通目前仍以纸质为主，速度慢，而且容易被篡改。在人员调动过程中，常常需要人员亲自办理调出或调入手续，有的甚至需要跨省跨国办理，各种成本都很高。有的地方还违规收取所谓的"档案管理费"，从一百到数百再到上千元不等，在人才流转中人为地设定门槛，造成了极坏的社会影响。其次，由于档案的管理多靠手工，不仅管理成本高，而且管理难度大，再加上档案来自不同的地区和单位，不仅传送时间长，不易管理，而且传送过程中的每一个环节都有可能出现档案丢失或档案被改动的情况。在这种情况下，用人单位几乎不可能完成核查档案的真实性的工作。

针对人才档案的管理痛点，利用区块链技术建立电子档案平台，可有效解决纸质档案传送成本高、管理难度大、容易丢失和被篡改的问题。现实中也已经出现了相关解决方案。例如，深圳市小豆科技区块链教育应用研究中心联合中科院云计算中心电子学研究所分中心和北京大学深圳研究生院李挥教授团队共同打造区块链技术在教育行业应用及区块链技术成果转移为一体的区块链教育应用[①]；清大世纪教育集团与一家区块链技术企业达成战略合作，共同构建基于区块链技术的教育新媒体，为教育领域人才档案管理提供解决方案。这些方案的出台，在本单位、本地区甚至更大范围内的人才档案管理中发挥了重要作用。

学生教育学历学位认证的现实痛点大致有两个方面：其一是假学历、假证件泛滥成灾，造假的成本非常低，几百元甚至几十元就能制作一个大学毕业证书，对企业识人、用人造成了严重的困扰；同时，低质量人才以次充好，也对名校的声誉造成了极为恶劣的影响，更是对诚信的践踏。其二是编造荣誉、盖假章的行为在高校应届毕业生中很普遍，不仅找人给自己编造荣誉、

---

① 宋立，张立.基于区块链原理的校企深度合作办学创新路径[J].中国教育信息化：基础教育，2018（22）：1-14.

盖假章，也找机会给别人做。比如有的毕业生通过网络销售平台订购一批医疗机构印章，然后通过QQ发布有偿加盖印章收费信息，为专科学校的毕业生在《毕业生就业协议书》上加盖医疗机构的印章，给学生办理毕业相关手续等。

将区块链技术应用于学生教育学历学位认证一般有两种模式，可以根据实际情况采用。一种模式是学校给学生在区块链上颁发学位证书、执业证书和其他信息，从这个平台出发，将形成一个分散的、难以篡改的分发、管理和认证系统。这个系统将伴随学生的整个职业生涯，数据将永久、安全地存储在云服务器中，后续用人单位可以直接在区块链证书平台上查询验证，更准确地评估应聘者与拟招聘岗位的匹配程度。该模式在确保防止篡改、可追溯性和信息完整性的同时，将降低各方和各环节的成本，提高效率，促进良好招聘和就业生态的形成。另一种模式是人才评估体制。在这个体制中，职称评审可以包含一定的权重；在体制外，员工的学习经历可纳入晋升和加薪考核体系。这些做法在体制内外都可以促使每个人将终身学习作为信仰。

三、点对点、容错性让开放教育资源共享

点对点技术又称对等互联网络技术，是一种网络新技术。在点对点网络中，每个用户既是数据存储空间的提供者，又是网络数据的使用者。也就是说，你存储的信息也许正是别人需要的，而你需要的信息又存储在别的节点上。这样一来，大家在这个分布式存储的数据库中调用或者下载数据时，只需点对点地进行就可以了，而不必去某一个或几个大的服务器上下载了。

点对点技术被广泛用于即时通信软件、网络视频播放软件、计算资源共享软件等各类应用软件。依靠点对点的传播方式，未来将形成全球资源信息

开放共享数据库，实现全球开放教育资源的无障碍传播，这已经是开放教育资源建设发展趋势的普遍共识。

通过区块链的分布式账本技术，点对点的传播方式可以实现开放教育资源的上传与下载，从而彻底解决"资源孤岛"的问题。在非对称加密算法中使用公钥和私钥，上传者可以通过与一个或多个节点用户共享私钥来确定开放教育资源的共享对象，获得私钥的用户可以直接访问并获取相应的开放教育资源，从而有效、准确地实现开放教育资源共享，充分发挥开放教育资源的应用价值，促进开放教育资源的智能流通。

基于区块链技术的点对点传播的开放教育资源共享模式具有如下特点。

一是构建信任体系，直接共享资源。

现在的开放教育资源受制于各自为政的中心化平台，资源共享大多是通过中心机构进行传播的，所有的开放教育资源都依赖于资源建设者上传至机构掌握的中介平台，而且资源相对独立，比如下载学习资源就需要跳转到"百度文库""豆丁文库""道客巴巴"等网络文库进行下载，而这些网络文库多是有权限和需要付费的。师资、教研成果是无法共享的，没有解决个体间信任的开放平台，很难实现全球开放教育资源的共享配置，教育永远会受到地域、经济条件等客观因素的限制。比如，张三想找一个哈佛大学的学生陪练一个小时的英语，如此简单的需求，实际是很难实现的。

事实上，在目前的教育体制下，很多优秀的老师可能有更好的教学方法和更高的水平，但却没有一个很好的平台让他们去发挥和展示自己的才华。如果用中心化的平台来解决会存在这样几个难题：学校愿意配合吗？所有的信息真实吗？第三方平台的管理运营成本由谁买单？而基于区块链技术则可以构建一个解决个体与个体之间信任的、面向全球开放的网络体系，正好能够彻底解决上述一系列问题。在基于区块链点对点传播的开放教育资源共享模式之下，用户之间可以实现直接的开放教育资源共享，不需要类似于"百度文库""豆丁文库""道客巴巴"这样的网络文库也就是中介机构掌握的平台，在解决"资源孤岛"问题的同时也可免去部分下载费用，实现开放教育资源的免费共享。人人都可以成为开放教育资源的供给者，而开放教育资源又可以全球共享，人人都是受益者。

此外，区块链技术也支持评价体系，即运用区块链技术构建一个老师或学生的客观评价体系。在这个体系下，老师可以在面向全球的区块链网络上发布自己的授课需求，学生可以发布自己的学习需求。因为区块链系统数据的无法篡改性，无论是老师的个人信息还是学生对老师的评价都能够保持客观公正。也就是说，老师提供的信息是绝对真实的，授课记录和评价也无法通过刷单获得。在这样的体系中，学生能找到靠谱的老师，老师也能找到真正有需求的学生，并且"区块链+支付"的方式也可以保证支付安全。

二是区块链的容错机制支持资源共享。

区块链技术可以为参与资源上传和下载的每个节点赋予相应功能，使每个节点都拥有相同的网络权利和义务。在资源共享模式下，网络中一个或多个节点的错误不会影响整个系统的正常运行，也不会因资源的丢失和破坏而影响现有资源的状态，保证了资源共享模式的正常运行，具有很强的容错性。

区块链上的容错意味着当一个或多个组件发生故障时，系统可以继续正常运行。本质上，容错可以防止整个系统崩溃。区块链天生具有容错性，这意味着即使一些成员没有采取相应的行动，他们仍然可以达成共识。因此，容错是区块链技术的重要组成部分。

区块链的核心运行点对点网络架构，其中每个节点与其他节点相等。与传统的客户服务提供商模型不同，区块链的每个节点同时充当客户和服务提供商。与任何对等系统一样，区块链具有非常高的容错性。如果一个区块链系统有两个或多个在线节点，它仍然可以在资源共享模式下正常工作。

四、网络认证机制提升开放教育资源质量

对于施教者和学习者来说，开放教育资源为他们提供了大量的教育资源，减少了资源建设上的投入。然而，由于目前还存在许多低质量的教育资源，施教者和学习者需要进行大量的信息检索和评价，以此找到满足自身需求的高质量的教育资源。利用区块链的智能合约和共识机制，构建开放教育资源的上传、认证、流通和共享机制，可以有效解决开放教育资源质量低下的问题，从而为施教者和学习者提供优质的教育资源。

上传、认证、流通和共享机制的具体运行步骤：第一步，资源建设者将资源上传到网络；第二步，系统使用私有密钥对资源进行加密处理，然后将资源存储和记录在区块中；第三步，系统将存储资源的区块向全网广播，等待其他用户认证；第四步，待一半以上的节点用户认证通过后，存储资源的区块被盖上"时间戳"，然后，资源开始在全网以点对点的方式进行流通传播。

在上述机制运行过程中，区块链的智能合约将会定期检查资源网络认证机制的状态，对每个合约中所包含的事务、状态和触发条件逐一检查，然后将那些符合条件的优质的教育资源信息在网络上进行传播，接下来等待用户达成共识。对于不符合触发条件的劣质教育资源信息，会将它们继续存储在区块中，并进入新一轮的信息验证。在验证过程中，各验证节点首先进行签名验证，以确保资源信息的有效性和准确性；已经验证的资源信息要排队等待一致性验证，待超过一半的认证节点通过认证后，系统为其盖上"时间

戳"，使其以点对点的方式在整个网络中流动、传播，并通知资源建设者们。当资源在整个网络中成功共享时，智能合约的状态机将判断合约中的资源状态。当所有资源信息被按顺序执行时，状态机会将这些资源的状态标记为"已完成"，并从共识队列的区块中删除这些资源。反之，则将资源状态标记为"进行中"，资源将继续保存在共识队列的区块中，等待新一轮的验证，直到最终处理完成。

关于利用区块链智能合约和共识机制构建的网络认证机制，不妨来看下面几个例子[①]。

美国麻省理工学院（MIT）媒体实验室与其他高校合作创建了一个基于区块链的可以创建并验证学历证明文件的开放平台 Blockcerts。利用 Blockcerts 可以审查文件是否可信并发现伪造的信息，分数、成绩报告甚至毕业文凭都可以保存在 Blockcerts 区块链上，并提供不可篡改的学术历史。学生的学术记录将永远保存在区块链上，未来的雇主可以进行即时验证。

英国的 AppII（区块链简历验证平台）使用区块链来验证资格证书。AppII 利用区块链、智能合约及机器学习技术来验证学生和教授的学术资格证书。AppII 的用户可以创建个人档案并填写其学术简历，包括教育历史和学习成绩报告。AppII 使用区块链来验证用户的背景并将其信息锁定在区块链上。AppII 与英国公立研究型大学开放大学合作创建了一个资质和认证平台，用于管理学生的不可修改的学术记录。

瑞士的 ODEM 是一个去中心化的教育产品和服务集市。ODEM 为教育者和学生开发了技能勋章，以展示他们在特定领域的专业程度。这些勋章背后的动机就是，一个教授的勋章增长得越快，就会有越多的学生选择这个教授

---

① 案例来源：Daley S. 教育区块链应用案例【2019】［EB/OL］.（2019-11-18）［2022-10-10］.http://blog.hubwiz.com/2019/11/18/education-blockchain/.

的课程,而学生对某一领域的技能越感兴趣,就会有越多的教授希望加入这一领域的教学。

利用区块链智能合约和共识机制构建的网络认证机制,具有如下几个特点。

首先,在分布式网络认证机制中,用户自愿参与资源审查和认证,智能合约能够保证运行机制自动执行。自动执行也是网络认证机制最显著的特点。与此同时,在开放式教育资源网络认证机制下,任何用户都可以参与资源共享,这样就会聚集更多的教育资源。

其次,资源创建者上传、更新和维护资源究竟有多大贡献,可以通过"工作量证明机制"体现出来。所谓工作量证明机制,简单地理解就是一份证明,用来确认资源创建者做过一定量的工作。通俗地说,通过查看工作结果就能知道资源创建者完成了多少指定量的工作。工作量证明机制有利于充分保护和合理分配所有的资源建设参与者的利益。在此需要进一步说明的是,工作量证明机制具有彻底去中心化的优点,在以工作量证明机制为共识之下,区块链中的各个节点可以自由进出。

再次,由于区块链具有开放和透明的特征,因此对所有用户来说,整个网络认证机制的操作规则和资源信息都应该是开放和透明的。也就是说,用户不能在资源认证和审核过程中欺骗其他用户,这样就确保了资源认证过程的真实可靠。

最后,以区块形式存储的教育资源流通传播到整个网络,智能合约将根据预定义的规则和过程来保证教育资源认证工作能够自动执行。当超过一半的节点通过认证之后,资源就可以在整个网络中流转,这时再做出干预和操纵动作,以保证资源认证的科学性和准确性。

第六节　虚拟仿真技术

所谓虚拟仿真，简单来说，就是用虚拟系统模仿真实系统。虚拟仿真技术即模拟技术，就是为研究解决某一实际问题，先建立该问题的同态模型，并对模型进行动态运行试验，按其运行结果进行评价和优选。该项技术能解决很多需进行破坏性试验或危险性试验才能决策的实际问题，还能用来检验理论分析结论的完善性及实际问题研究中所做各种假定的有效性，也能给决策者提供"实验室"，决策者可以重复多次试验以研究单个变量或参数的变化对实际问题总体系统的影响，而这在实际问题中原本是不可能做到的。该项技术简单易懂，结果比较直观。

虚拟仿真技术应用于教育领域，主要是通过对学习环境的塑造，使其具有物理的、环境的和行为的真实感，令学习者在类似真实的情境中能够获得体验并解决现实中的实际问题。

一、虚拟仿真技术的实验教学意义

虚拟仿真最初是应用于某一个事件的简单模拟，对事物或者实践进行立体、三维模拟和重演。地理虚拟仿真教学最初也是基于小事物的模拟，例如，对某个建筑的三维模拟、对包括山体滑坡在内的自然灾害的模拟[1]。

随着信息技术和人工智能技术的出现和发展，以及 VR（虚拟现实）技术

---

[1] 丁志伟，孟怡伟，秦耀辰. 基于虚拟仿真实验的地理学教学探索与实践——以河南大学环境与规划学院为例[J]. 教育现代化，2021（36）：14-17.

和智能化的发展，虚拟仿真教学逐渐进入真实场景、3D电影和三维仿真场景的构建中，让身临其境的人获得真实体验。在虚拟仿真技术支持下的实验教学，依托虚拟现实、多媒体、人机交互、数据库和网络通信技术，构建高度仿真的虚拟实验环境和实验对象。学生在虚拟环境中进行实验，达到教学大纲要求的教学效果。

虚拟仿真实验教学是教育信息化建设的一个重要方面，是教育领域深化改革的重要举措。目前，虚拟仿真实验教学已在许多高校得到广泛应用，一些中小学也在建设自己的虚拟仿真实验教学中心。

贵州财经大学是贵州省唯一一所以经济学、管理学学科为主体，法学、文学、理学、工学、教育学等多学科协调发展的综合性财经类大学。2013年9月，贵州财经大学决定申报国家级虚拟仿真实验教学中心，国泰安与学校联合承建国家级虚拟仿真实验教学中心。该平台包括6个子平台：实验云基础设施管理子平台、基础数据管理子平台、实验软件管理子平台、实验资源管理子平台、实验教学管理子平台和实验交流管理子平台。虚拟仿真实验教学中心项目的实施，可以实现以下目标：一是技术与教育的完善整合，构建虚实结合的开放实验环境；二是优化整合实验教学资源，实现资源共享，促进实验教学均衡发展；三是突破传统实验教学模式，打破教学时空限制，提升实验教学生产力；四是拓展创新型实践模式，全面提升学生的实践能力；五是提供个性化的教学门户服务，实现教育资源云化需求。

随着中央电化教育馆中小学虚拟实验（以下简称"央馆虚拟实验"）教学试点工作的逐步深入，各实验区涌现出了不少好的教学案例。如银川二中北塔分校在为参训教师讲解"央馆虚拟实验"的使用方法时，就在大屏幕上现场演示操作步骤，通过AI、3D、VR技术进行实验，可以帮助学员更直观地开展物理、化学、生物、小学科学等学科的虚拟实验。该分校副校长张建东说:"虚拟实验教学构建了新型的教育教学场景,解决了常规实验的时空性限制,让实验教学的效果更好。"这种场景的构建也倒逼教师教学能力的转变,这样的活动能够提升学校教育教学的发展。[①"除了银川二中北塔分校的例子,广州市荔湾区康有为纪念小学的梁建强老师也在充分利用"央馆虚拟实验"资源,引导学生通过虚实结合的方式大胆探究简易电路的搭建,提升了学生的探究兴趣,强化了实验技能。

虚拟仿真技术支持下的实验教学,规避了传统实验教学带来的危险性和局限性。通过"现代信息技术+实验教学项目"的方式,极大地拓展了实验教学内容的广度和深度,延伸了实验教学的时间和空间,提高了实验教学的质量和水平。具体来说,虚拟仿真技术对于实验教学来说有如下意义。

一是创新实验教学的课堂教学形式。传统的实验教学形式单一,局限性强,教师只能通过"粉笔+黑板"的形式,靠自己的一张嘴进行讲解(这就是以往人们常说的"舌耕"),因而无法完成实验室中的实验。而虚拟仿真实验教学则以"技术+项目"的方式,突破了传统实验教学中诸如环境污染、设备缺乏、实验危险性过高等问题,满足实际的课堂教学需要,是学科老师得力的实验教学工具。同时,虚拟仿真教学能在电脑、手机等多媒体设备上运行,教师能随时随地上传或修改虚拟仿真教学中的内容,学生也能随时随地查看。此外,教学辅助工具齐全,器材零损耗,并且随时随地都可"走进"实验室反复利用。

二是丰富课堂教学的实践意义。针对传统教学中存在的枯燥、死板的教学模式,以及各种危险实验使学生产生抵触情绪,借助音视频和图像等多媒体技术,以及虚拟仿真、传感、输入输出等现代新技术,构建一种具有高度仿真性的虚拟现实实验教学环境,使学生体验置身其中的感觉。虚实互动、

---

① 梁静.银川将进一步加快虚拟实验教学应用[N].华兴时报,2021-04-20(6).

师生互动的实验教学，能够最大限度地激发学生的自主实验兴趣以及解开万物奥秘的冲动，有助于培养学生的创新思维，因而具有独特的实验教学的实践价值。

三是提升课堂教学的效果。虚拟仿真实验教学实践中常常会遇到复杂的实验、危险性实验、极端破坏性实验、反应周期过长实验、无法控制反应过程以及在传统实验室无法完成的实验等。面对这样的实验，教师借助虚拟仿真实验教学工具进行课堂实验演示，通过生动、逼真、立体的表现形式，能够使抽象的实验过程浓缩在形象逼真的动画演示中，从而最大限度地发挥虚拟仿真实验教学的优势，提高教学效果。

四是在实验教学中实现教育教学资源共享。实验教学的过程也应该是教育教学资源充分共享的过程，为了实现这种共享，开展虚拟仿真实验教学的学校要致力于建设具有扩展性、兼容性、前瞻性的管理和共享平台，高效管理实验教学资源，实现校内外、本地区及更广范围内的实验教学资源共享，满足多地区、多学校和多学科专业的虚拟仿真实验教学的需求。当然，没有开展虚拟仿真实验教学的学校也要做这方面的准备，争取早日开展虚拟仿真实验教学，这也是互联网教育资源建设的一个重要内容。

最后需要强调的是，如何实现虚拟仿真实验教学资源的可持续发展，将直接影响未来我国高等教育实验教学的质量。要建立健全的行之有效的教育教学资源管理系统，提高管理能力和决策能力，因为这是可持续发展能力建设的重要组成部分。此外，综合运用各种手段、社会参与和有效的评价反馈体系是虚拟仿真实验教学项目可持续发展的必要保证。

二、虚拟仿真教学资源的开放与共享

虚拟仿真技术在教育中的应用有许多优势，可以帮助学校开展更有趣、更深刻的教学，优化教学资源和流程，应对复杂、困难的研究性实验，也能有效控制教育成本、降低研究风险。本小节提出的虚拟仿真教学资源开放与共享方案，有助于促进虚拟仿真教学资源的建设。

虚拟仿真教学资源的开放与共享具有多重意义。

首先，在教学资源的协调建设、高效管理和应用过程中，虚拟仿真教学将发挥重要作用。事实上，每一所学校都有自己的学科优势和办学特色，通过建立共享机制，可以使学校有序建设一批高水平的、有代表性的实验教学资源，以促进虚拟仿真教学资源的共享，从而实现虚拟仿真教学资源的良性发展。在实践中，可以利用云计算技术、云存储技术、移动技术、互联网技术等新技术，对现有的虚拟仿真教学资源进行优化、整合、动态更新、高效管理和应用，以推动这些资源实现跨区域的综合共享。通过优质教学资源的共享，不同地区、不同教学层次的学校可以持续、稳定地获得成功的教学经验和优质的教学成果，更好地发挥这些资源的示范和辐射作用，从而形成教学工作协调推进、共同发展的局面。

其次，与其他教学方式相比，实验教学需要更多的教学手段和支持材料，而虚拟仿真教学资源就可以提供这些手段和材料。通过虚拟仿真教学资源的共享，可以提高教学水平，促进教育信息化背景下教学模式的升级。除此之外，虚拟仿真教学资源共享之下的学生还可以获取丰富的在线学习资源，大大方便了学生进行虚拟实验和模拟操作。在这种双重效应下，能够有效地促进教学目标的实现和高素质人才的培养。

最后，虚拟仿真教学资源来源于专业知识与信息技术的融合，因此这种资源的建设可以吸收相关企业参与其中，学校方面要充分发挥专业优势，企业方面要充分发挥信息技术优势，由此构建校企深入合作、互利共赢的长效机制，推动教学资源建设持续发展。教育资源建设是一项系统工程，虚拟仿真教学资源的建设也不例外。因此，这项工作不仅需要决策者、建设者转变固有观念，还需要技术的长期支持和资金的长期投入，同时也需要不断整合各种社会资源，形成共建共享的氛围。

虚拟仿真教学资源的跨校、跨区域开放与共享，是虚拟仿真教学资源建设的重要内容，而要推进这种开放与共享，就需要制定规范的、可操作的虚拟仿真教学资源开放与共享方案。

首先，制定方案的第一项工作非常重要，这就是建立体制。虽然虚拟仿真实验教学受学校外部条件的影响比较小，更便于跨学校、跨地区整合和共享各种教学资源，但从数据分析方面来看，教学资源的开放共享还存在一定的局限性。因此，需要建立和完善一个自上而下、多层次的教学资源统一规划与建设体系，以促进和鼓励虚拟仿真教学资源的共享与实施。教育部和省级教育相关部门要充分发挥指导作用，协调制订各学科共享计划，建立虚拟仿真实验资源建设内容，按照虚拟与现实相结合的原则，推广虚拟现实，补充虚拟现实；同时，要基于开发技术和开放标准，建立建模程序、编程软件、数据库等。学校尤其是高校应结合本校的多种因素如专业特点、学科分布、地区差异、技术储备、开发成本等进行统一协调，推进虚拟仿真实验教学中心建设的工作。

其次，方案中必须有教学资源准入标准。开放共享的资源应该是高质量、高水平的，这主要体现在高校的学科优势和专业特色上：有的高校学科发展历史积淀深厚，可以充分发挥自己的学科优势，建设一批优质的教学资源，而具备独有学科专业的学校则可以建设一批具有特色的教学资源。无论是优质教学资源还是特色教学资源，其开放与共享都将增强学生自主学习和主动学习的积极性，提高教学水平和教学质量。为此，应制定教学资源的准入标准，只有高水平、高质量的教学资源，以及富有特色的教学资源，才能进入开放共享平台。

最后，平台、制度、人才、知识产权保护等事项，一个都不能少。虚拟仿真教学资源的开放与共享离不开平台建设，因此有必要建立模型材料在线共享平台、虚拟仿真实验共享平台、远程访问仿真共享平台和软硬件交互开放共享平台，这样才便于开放与共享。制度方面应该建立健全包括激励制度、考核评价制度、资源分类管理制度、专业知识与信息技术融合评价制度、资源分类制度、用户评价制度等。在人才队伍建设方面，要建立鼓励教师参与虚拟仿真教学资源建设和开发的长效机制，培养和锻炼教师的项目开发和管理能力，并积极吸收和利用社会资源。尤其是在知识产权保护方面，要切实保护资源开发者和建设者的合法权益。只允许平台中的单位和个人使用平台上的资源，其他单位和个人不允许以任何形式（如"分包"的形式）使用平台上的资源，更不能用于商业活动。此外，还应从技术层面加强知识产权保护，如采取加密处理技术、水印处理技术等。

第四章　互联网教育资源建设的管理制度研究

要最大限度地保护互联网教育资源建设参与者的权益，促进互联网教育资源共享，同时保证互联网教育资源的质量和可持续发展，就必须有相应的管理制度。基于管理制度的必要性和重要作用，本章重点讨论教育资源建设管理制度的建立这一问题，介绍和分析云比特教育资源管理系统的特点与功能。

第一节　建立教育资源建设的管理制度

教育资源建设的一个重要内容就是建立能够适合教育教学实际需要的教育资源管理制度。尤其是在网络教育快速发展的当下，建立健全教育资源管理制度越来越成为教育工作中的重要组成部分。本节就教育资源管理建设中的资源来源与要求、功能模块设计等方面做一些初步探讨。

一、教育资源建设管理的资源来源与要求

教育资源管理建设中的教育资源，主要来源于教育网站、各类教育光盘和教育软件等方面。下面对这些来源分别予以阐述。

目前，互联网上有许多教育网站，这些教育网站是教育资源管理和建设的重要资源之一。在这些教育网站之中，有些学科类的教师的个人教学网站特别值得关注，因为这种个人教学网站汇集了有关某类学科的更全面的信息，如教学计划、教学资源等，要对这种个人教学网站的教学资源进行分类和组织，以便将其导入资源库。

从教育网站下载教育资源，可以收到事半功倍的效果。通常，从由静态网页组成的网站获取教育资源更为有效：一方面，静态网页可以通过离线浏览工具软件直接下载到计算机；另一方面，为这些网页建立一个完整的目录网页，能给资源的分类和管理带来极大的方便。而后台数据库管理的网站需要逐个下载单个网页和资源文件，工作量大且效率低。一些网站以网页目录的形式组织各种资源，如一些在线图书馆，每个栏目所有图书的链接都在同

一页上，可以通过本页的链接找到不同的书。

光盘属于电子出版物，各类教育光盘是由各出版社出版的正式电子出版物，这种资源品种较多，如教育论文、多媒体课件等，具有一定的权威性。使用者可以选择一些适合自己实际情况的教育光盘，并将资源导入资源库。事实上，每一所学校都积累了大量的电教类光盘资料，如教学示教录像片、教学音带和各种扩展学习的音像资料等，可将这些音像资料数字化，也就是转制成数字文件，然后存入教育资源库，教师通过校园网就可以调用，学生也可以在个性化的学习中使用这些资源。

教育软件在市场上有很多，主要有辅助教学软件和教学管理软件两大类，其中一些资料性软件内容是可以导出的。如有一个叫"英汉词典"的教育软件，其数据保存在文本文件中，如果将文本文件转换为资源数据库的数据库格式，便可将其导入资源数据库中。

对于上述这些教育资源的处理，我们可以从公开发布的在线教育资源网站和素材库光盘中整理和筛选教学所需的材料，然后借助计算机技术进行处理。也可将现成的教学软件、数字视频和其他光盘材料中的有用部分处理成可重复使用的独立文件，然后导入素材资源库中。素材数据库就是资源库，它是围绕多个知识点集成的，包括图形、表格、文本、声音、动画、视频等多种信息，按照既定的检索和分类规则进行查找，就可以获取与所需知识点相关的资源。

在这里有必要强调一下收集媒体素材时应该遵循的原则。收集媒体素材必须遵循真实性与科学性原则。在使用媒体素材时要格外注意内容的真实性与科学性。素材的选取对真实性要求很高很严，而科学的本质就是求实、准确，反对弄虚作假，失去了真实性也就失去了科学性，这是万万要不得的。因此，多媒体教学软件必须准确表达学科的知识，素材的选取也必须严格把关，保证学科内容的正确性，不能违背科学原理，必须准确阐述、严谨表达，有可靠的数据和翔实的资料，操作演示也要规范统一。素材选择还要符合客观实际，经得起实践检验，那些"小道消息""八卦""野史"式的材料绝对不能选入。除了要遵循真实性与科学性原则以外，还要遵循系统性原则。系统性是使知识结构体系合理化的主要特征。首先，系统性原则要求选材有助于系统地、连续地、按一定逻辑顺序来形成知识、技能和技巧。教学内容的系统性主要体现在学科内容的完整性和知识的整体性上，而不是零碎的、残缺的知识。其次，系统性原则还体现在将教学作为一个系统的整体，采用要素分析方法，将之分解为一个个要素，进一步将各要素分解为子要素，并将其有序地组合起来，使各知识点秩序井然，关系紧密。

现在回到教育资源建设管理的要求这个议题上来。教育资源建设管理的要求包括两个方面：一方面是组织保证和过程管控；另一方面是对教育资源本身的要求。

组织保证和过程管控主要包括以下内容：其一，组织要求，也就是教育资源管理建设必须有专门的管理班子。管理班子中的管理人员要分类管理资源，并且要按照既定的规则进行，还要将资料电子化，这个工作一定要做好；要定期定时更新与维护，要在网上不断地搜索，及时下载更新的信息资源。其二，按照既定专题，建立资源网站，并以网络教材的形式指导专题的研究方法。其三，要以教育网站搜索为主来建立参考资料查询与收集系统，以提高信息加工收集的能力，高效整合网络资源，形成快速高效的专题资料库。其四，网罗人才，这些人才可以是做美术设计的，可以是做程序开发的，也可以是各学科的专家，并成立资源开发小组，各类人才一起研究、探讨网络教育资源管理的建设方案，然后落地实施。其五，完善、帮助和要求所有施教者充分认识到网络信息资源的特点和组织方式，以及如何依靠网络来实现教学资源共享的方法与途径等，让所有施教者都能够参与到这一进程中来。

对教育资源本身的要求，就是对教育资源主要内容的要求，这些内容包括媒体素材、试题库、试卷、网络课件与课件、案例、文献资料、常见问题解答、资源目录索引、网络课程等。由于在第一章中对教育资源中的九大类做了一些阐述，本节仅就案例的要求和文献资料的要求做一个展开。

案例的要求：案例是对一定教育情境下发生的教育事件的一种记录，是对某个蕴含着教育哲理的事件发生过程的详细叙述和理性思考。案例必须以HTML网页出现。HTML是用来描述网页的一种超文本标记语言。所谓超文本，就是说它可以加入图片、声音、动画、多媒体等内容，还可以从一个文件跳转到另一个文件，能够与世界各地的主机里的文件进行链接。

一个案例是否完整，要看它是否包含了背景、主题、细节、结果和评析五项要素。其中，背景指的是需要向读者交代故事发生的时间、地点、人物、事情的起因等有关情况；主题指的是表明具体问题和观点；细节指的是教学过程，要求必须忠实地记录整个教育故事发生的过程，既包括显性的教学行为和结果，也包括教师、学生的情感活动以及学生的思维反应等一些隐性的教学行为；结果指的是实施某种教学方法或教育手段而取得的即时效果，包括学生的反应和教师的感受等；评析指的是对案例所反映的主题和内容，包括对教育教学的指导思想、过程、结果进行分析和反思，可以从教育学、心理学、社会学等不同的理论角度来揭示成功的原因和科学的规律。

文献资料的要求：文献由多个要素组成，包括作者姓名、图书或文章题名、图书或文章标识、出版社、出版社所在城市、年期、页码等，每一个要素都不能缺少。文献资料要适合教育资源的文本素材的技术要求，它可以是由某个机构正式发布的文件，但必须有实际的参考价值。

二、教育资源管理建设的模块化功能设计

教育资源管理可以看作一个比较复杂的系统，这个系统应包括资源管理、系统管理、用户管理和电子商务四个模块。下面来看看这四个模块的功能设计。

1. 资源管理模块的功能设计

资源管理的具体内容包括课件库管理、试题库管理、网络课程管理、文献库管理、媒体素材库管理、案例库管理等。教育资源管理可以理解为对教育资源的操作，操作的对象是资源库中的各类资源。为了保证操作过程中这些资源的安全性和可靠性，需要进行模块化的功能设计，使操作过程实现以下主要功能。

（1）资源上传：教师可以在浏览器中单个上传，系统管理员可通过应用程序批量上传。

（2）资源下载：用户可以下载免费资源，或购买资源。

（3）资源审核：管理员根据资源评审标准对上传的资源进行评审，以确定是否发布该资源。

（4）资源删除：资源审核员或系统管理员可以删除不符合标准的或过期的资源。

（5）资源查询：用户根据查询条件，输入关键字查询相应的资源。

（6）资源预览：想要购买资源的用户可以使用浏览器远程预览该资源的在线样例。

2. 系统管理模块的功能设计

系统管理包括安全管理、网络性能管理、计费管理、故障管理等。这个子系统为教师、学生和管理员这三类用户提供资源检索、资源发布、资源审

核、权限管理及计费等多个方面的服务。系统管理模块主要负责对系统的维护，以保证系统的稳定性和可扩展性及对访问的支持。设计中应使其具备以下主要功能。

（1）资源库系统的初始化：将属性、参数的详细数据入库。

（2）访问控制：系统提供用户认证功能，用户通过输入相应的口令来验证自己的身份，通过认证的用户才能使用系统的各项功能。系统可采取限定IP或限定访问流量的方法对访问本系统的用户数量进行控制。

（3）安全控制：使用防火墙等措施来保证系统不受病毒的入侵和黑客的攻击。

（4）资源查询：用户根据查询条件，输入特定关键字以查询相应的资源。

（5）资源定制：在资源库中无法获得所需资源时，可在系统中发布信息，待其他用户上传后，系统可自动通知用户。

（6）资源删除：资源审核员或系统管理员可以删除不符合标准的或过期的资源。

（7）资源使用率的统计分析：统计各种资源浏览和下载次数。

（8）资源收藏：用户可以将自己需要和偏爱的资源放入个性化文件夹，以便快捷地查找。

3. 用户管理模块的功能设计

用户管理模块应赋予不同用户各自的权限。教育资源库有其特定的用户群，一般包括学生、教师、资源审核员、系统管理员和游客，如有特殊的需求，还可视具体情况进行调整。设计中应使其具备以下主要功能。

（1）系统管理员：应对数据库系统有完整的控制权，允许其以网页浏览的方式通过网络实施管理和维护，掌握所有用户的情况，并具有初始化资源库系统和审核注册用户的权限。

（2）资源审核员：根据管理员分配的权限，主要负责对相应学科下的资源进行审核和管理。

（3）教师：主要负责对某一特定学科的资源进行管理，包括浏览、查询和使用，以及上传和审核该学科的资源。

（4）学生：可以浏览、查询、上传和下载资源。

（5）游客：可以浏览、查询和上传资源。

4. 电子商务模块的功能设计

电子商务模块主要用于实现部分教育资源的网上销售，如课件、录像带、录音带等数据资源。电子商务允许有购买需求的用户通过网络进行远程定购，用户选定所要购买的资源后需填写包含个人信息的定购单，然后提交。设计中应使其具备以下主要功能。

（1）资金入账：用户可以预先存入一定的费用作为购买资源的资金。

（2）资源定购：用户可以在网上购买资源，也可以通过邮寄方式购买。

（3）计费管理：计费管理主要指的是计费方式管理、计费政策管理、费用查询与统计、透支管理、计费政策发布、资源定价调整等。

（4）销售情况统计：定期提供销售统计信息。

第二节　云比特教育资源管理系统研究

云比特教育资源管理系统用于管理各种类型的教育教学资源，可以根据年级、学科、资源格式等多种方式划分资源类别，还可以根据客户的需求对软件功能进行量身定制。

一、云比特教育资源管理系统特色

云比特教育资源管理系统是一个网络化、数字化，集中管理数字资源的多维度、多层次、多媒体介质的系统，它支持各类教育资源在线阅读，能使用户方便、快捷地实现对教育资源的浏览、查找、阅读。

云比特教育资源管理系统独具特色。该系统能够让教师、学生拥有大量丰富的教学资源和学习资源，以及拥有一个自主学习、相互讨论的学习空间；该系统内容涵盖中小学主要学科，教学资源包括动画、音频、视频、图片、文本等格式，还有教学课件、试题、教案等；各学科的特点是逐课开发，与教材同步，一课一动画，针对性、实用性强，不但可以满足教师的备课需求，而且提供的和教材配套的多媒体动漫课件可以直接用于教学。具体体现在以下几个方面。

一是个性化解决方案。系统基于教育资源管理系统平台，根据客户的个性化需求进行定制和修改，以满足客户本地教育教学的实际需求，真正做到了按需定制。

二是安全性能高。云比特教育资源管理系统平台拥有一套完整的用户管理系统，可以为不同的用户分配不同的权限，使不同类型的资源具有相对的独立性。同时，平台还提供了资源审核功能，用户上传的资源不会立即发布，但会先添加到未审核的资源中，经系统管理员审核后，普通用户才可以查看。这使系统的安全性能更高，发布的资源信息更实用。管理员可以在后台通过系统参数配置，设置登录或非登录用户对资源的浏览权限，确保资源的唯一性。

三是功能完善。可在权限之内通过用户个人社区实现多个功能，诸如资源浏览、查询、阅读、上传、修改、收集、下载、删除，资源分类统计，用户管理，在线交流，信息管理，内部邮箱管理等。

四是良好的开放性。不同地区和学校的教学情况往往差别很大，该系统在设计一开始就考虑到这一因素。因此，云比特在系统维护上配备了专门的模块，允许用户对平台的框架结构根据本地情况进行调整。

五是易于管理和操作。云比特有完善的后台，通过系统配置，管理员可以通过这些配置的详细参数更改设置、维护平台和管理用户。对于用户来说，云比特系统采用统一接口形式，用户只要会用最基本的浏览器工具，便可自由操作云比特系统。

六是适用范围广。云比特教育资源管理系统适合安装在教育局城域网或学校校园网中，实现网络共享，每一位教师或学生都可以通过网络来访问系统。

二、云比特教育资源管理系统功能分析

云比特教育资源管理系统的功能很全面，具体包括以下十大功能。

一是多样化的资源分类。资源库默认设置了将资源按学科、资源格式即

类型和主题进行分类。根据不同的分类标准，一条资源可以在不同的分类方法中归属于不同的类别。系统演示平台提供的分类方法包括系统默认分类、系统自定义分类和用户拓展标签分类。

二是用户个人中心的功能。用户登录教育资源库后，可以通过个人中心上传资源、汇总资源、查找阅读资源，还可以收藏资源、编写和收发电子邮件、修改个人信息等。

三是严格的资源审核机制。在云比特教育资源管理系统中，前台用户中心的用户可以实现远程资源上传服务，实现真正的资源共享。当然，只有管理员批准的资源才能最终发布到所有用户的数字图书馆中。

四是高效的数据库。数据库采用大型高效的 SQL 2005 数据库。SQL 2005 数据库具有一定的优势，可以降低开发和支持数据库应用程序的复杂性；可以构建、部署和管理企业应用程序；可以有效控制成本；还可以实现数据共享。

五是有强大的检索功能。在网络时代，人们无时无刻不在进行着检索，通过检索来寻找自己需要的信息和资源，因此检索也是资源管理系统的核心功能之一。云比特教育资源管理系统引入了四种检索技术：通用检索、高级检索、全文检索和梯级检索，用户可以根据不同的需求选择合适的检索方式进行查询，从而快速准确地定位资源。其中的级联检索可以为上一次搜索的结果选择适当的关键字，当二次搜索过程中其他方法检索的结果数量较大时，通过梯级检索可以有效地提高检索效率，排除那些并不需要的资源。

六是采取浏览器访问模式。该系统使用网页登录来浏览、查看和管理教育资源数据库中的所有资源，还具有对资源的评论和评分等交互功能。教育资源管理系统支持多种资源格式，安装软件插件后，其他格式的资源支持在线浏览，但 EXE 格式的资源除外，因为在浏览它之前，必须下载 EXE 格式的资源。

七是具有极高的安全性能。系统内有完整的用户管理系统和用户角色权限机制，根据不同的用户身份来分配不同级别的权限。同时，系统还提供了资源审核功能，非管理员用户上传的所有资源必须经过系统管理员的审核，审核合格后才能在系统中发布。这使得系统的内部具有极高的安全性能，发布的资源信息更实用。

八是全方位的资源评论制度。全方位的资源评论制度极大地激发了用户上传资源的积极性，在众多用户的参与下，剔除不良资源、优胜劣汰的速度大大提高。

九是数据库管理安全、简洁。管理员可以随时随地备份和恢复数据库；灵活的数据库备份区域设置，使数据库备份文件更加安全；一键操作大大地简化了管理员的工作。

十是没有客户限制。系统采用的是 B/S 结构。高仁忠和张玉峰认为："B/S 结构（browser/server，浏览器/服务器模式）是 Web 兴起后的一种网络结构模式，Web 浏览器是客户端最主要的应用软件。这种模式统一了客户端，将系统功能实现的核心部分集中到服务器上，简化了系统的开发、维护和使用。"[1] 在 B/S 模式下，用户可以通过浏览器去访问网络上由网页服务器产生的文本、数据、图片、动画、视频点播和声音等信息；而每一个网络服务器又可通过各种方式与数据库服务器连接，将大量网络数据实际存放在数据库的服务器中。

---

[1] 高仁忠，张玉峰.略论 Web 应用系统的发展［J］.情报学报，1999（6）：483-488.

第五章　互联网教育资源建设的机制创新

机制是激发多主体参与互联网教育资源建设的活力和基础，是市场调节和促进多主体协调的保证。因此，加强机制创新，是建设新的教育资源生态环境的重要保障。通过经费保障机制、资源配置机制、机会分配机制、共建共享机制的建设，加强教育资源使用者、资源开发者等利益群体之间的交流与沟通，从而构建共建共享的新模式。

第一节　经费保障机制的建设

互联网教育资源建设对教育发展具有革命性影响，必须予以高度重视。为此，由政府、学校、教师、社会等各方参与的教育经费保障机制，必须在经费预算比例、规划、编制等方面做出明确规定，这样才有助于推动互联网教育资源建设的顺利进行。

一、确保教育资源建设经费在财政预算中的适当比例

政府层面确保教育资源建设资金在财政预算中的适当比例，是保证教育资源建设顺利进行的关键。具体应从以下两个方面着手。

一方面是明确经费比例。在教育资源建设过程中，政府财政要加大经费保障力度，在财政预算中确立建设经费的适当比例，并以法规的形式确定下来，使教育资源建设有充足可靠的国家财政预算保障。目前我国政府及各级教育主管部门已先后制定了一系列法规及管理办法，并积极探索高等学校拨款机制，加强教育专项经费项目管理和学校的财务管理，均收到了积极的效果。比如，积极拓展其他筹资渠道，包括个人、集体、企业单位对各级各类教育机构予以资金或实物的捐赠与赠予等；科学合理地调整教育经费分配结构，包括优先发展初等、中等教育，以及合理安排高等教育中各学科的结构比例等。

事实上，国家一直非常重视教育经费投入，智研咨询发布的分析报告指出：我国教育经费投入制度的改革，逐渐实现了从政府单一投入到以政府投

入为主多渠道共存的教育经费体制，有效改善了教育经费严重短缺的状况，支撑了教育改革和教育事业的巨大发展。比如教育部、国家统计局、财政部发布的《关于2020年全国教育经费执行情况统计公告》中提到，2020年全国教育经费总投入为53 033.87亿元。其中，国家财政性教育经费（主要包括一般公共预算安排的教育经费、政府性基金预算安排的教育经费、国有及国有控股企业办学中的企业拨款、校办产业和社会服务收入用于教育的经费等）为42 908.15亿元。这些数据表明，国家财政性教育经费投入已占主导地位。

另一方面是实行国家单列财政拨款。如我国对少数民族地区、边疆地区、贫困地区给予普及小学教育经费补助的专款。还有针对具体项目的专款拨款，如2020年中央支持学前教育发展资金预算（扩大学前教育资源奖补资金），以及《教育部社科司关于下拨2021年度高等学校哲学社会科学繁荣计划专项资金第四批经费的通知》中有关项目的经费拨款等。

教育专款可以保障教育资源建设中具体项目的经费，并保证拨给的经费能得到充分合理的使用，最大限度地提高有限教育经费的使用效率。提高教育经费的使用效率，就要争取用有限的资金办较多的事情，争取经费上最大程度地节约。为此，不仅要建立健全教育专项资金管理制度，而且要合理配置教育资源，减少本已十分有限的教育资源的浪费。比如，合理规划和布局各级各类教育学校的结构和规模，减少因结构和规模不当而造成的教学资源浪费；对学校内部教学设施进行统一规划、统筹配置，改变现今按院系、按层次重复设置和购买的状况，提高使用效率；合理安排教师工作，适当提高教师的周课时量，减少富余人员，降低师生比等。

二、统一规划，加强优质教育资源的开发与应用

充分利用优质资源，是学校方面推进教育内容、教学手段和方法建设的重头戏；而统一规划优质教育资源的开发与应用，也是提高教育资源建设经费保障能力的一个重要方面。

所谓统一规划，首先要确保决策的正确性，因此不仅需要加强调查研究，还要做到精打细算，更要做好统一规划、科学论证、合理配置资源、避免重复建设，让有限的教育经费得以充分利用；其次要提高资金、资源、设备的利用率，使教育资源建设走上一条少投资、多见效的发展道路。

开发与应用优质教育资源，既是当今教育发展的大趋势，也是当前教育所面临的一大课题。加强优质教育资源的开发与应用，关键是要落实到具体的实践当中。优质教育资源包括媒体资源、课程资源、教师资源、学生资源及校园文化资源等。在实践操作上，就是针对这些资源的开发和应用。

媒体资源的开发与应用，关键在于教师如何用现代技术来优化课堂教学。教师要善于辨别和有目的地选择媒体资源，通过一系列的筛选和整合，使之最后转化为适合自己教学的、满足学生需求的有效资源。教师应在"以学生发展为本"的基础上不断探索和改变教学模式，大量合理地运用好媒体资源，这样才能让信息技术与知识领悟相结合的课堂真正地焕发活力与光彩。

课程资源的开发与应用，关键是对学科课程资源的开发与整合。课程资源开发与应用的总体要求是：鼓励教师在学习新课程理念和教育理论的基础上，以师生对课程资源的开发与整合为过程，强化课程资源意识，提高整合意识，增强整合能力，从而达到提高教师专业水平和办学质量的目的。

教师资源的开发与应用包括两个方面：一是在职教师的研修与培训。要从专业的知识、技能、态度等方面探索在职教师研修与培训的途径与方法，

促进教师的专业化成长。二是教师对身边资源的开发与利用，因为这也是教师资源开发与应用的一个重要方面。教师身边的资源有学校的硬件、不同年龄段的教师、学术方面的资源、学生及家长、学校内部信息、社会上的资源等，教师要充分利用这些资源。

学生资源的开发与应用，关键在于学生对教学成果的创新与运用。比如对于学生快速阅读技巧的训练，可以在文本训练的基础上，尝试利用现代教育技术如计算机技术、数字音像技术、电子通信技术、网络技术、卫星广播技术、远程通信技术、人工智能技术、虚拟仿真技术、多媒体技术等辅助教学，再如利用"电子图书"进行超文本、超媒体阅读训练，以提高学生的快速阅读能力。

校园文化资源的开发与应用，关键是针对校园文化资源的显性资源和隐性资源开发分别采取不同的方式方法。显性文化资源比较好理解，它主要是指校园的硬件建设。比如校舍、校徽，此外还有校园景观等。这些资源是一个学校区别于其他学校的最有力的证据，也是学生美好回忆的纽带。隐性文化资源则涵盖较广，主要包括校园精神文化、制度文化及师生活动文化。校园精神文化有办学理念、校训、校风、学风等；制度文化如学生日常行为规范、学生守则、评先评模管理办法等；师生活动文化有演讲比赛、主题班会、时事报告等。

校园文化资源是学校核心竞争力的重要构成，校园文化资源建设是学校在内涵式发展道路上的重要工作之一。对校园零散分布的、隐形的文化资源进行科学的开发与整合，通过信息技术平台进行有效推广和应用，有利于特色校园文化的形成，提升校园文化资源的价值，扩大校园文化的影响，从而推动学校的内涵式发展。具体开发模式有校园景观的旅游开发、校园文化衍生品开发等。

三、科学编制、严格执行教育资源建设经费预算

目前学校在经费预算方面存在许多不足,比如预算编制的方法缺乏科学合理性、缺乏长远性和连续性、缺乏对预算全过程的监督管理等。要想完善教育资源建设经费保障,就必须科学编制并严格执行教育资源建设经费预算,这样才能达到提高教育资源建设经费使用效益的最终目的。

科学合理的预算编制将促进教育资源建设财务效益的最大化。在编制预算时,原则上要着眼于深化新课程的改革和未来发展,抓重点,顾大局,真正体现资金使用的有效性和实效性;同时,要根据国家的预算控制指标,坚持量入为出的原则,充分发挥年度资金和项目资金的作用,提高预算的权威性,真正把有限的资金用在"刀刃"上。

在实务上,要成立专门的预算编制小组,校长或负责后勤的副校长应在每年年初组织学校财务、总务、教育行政和教师,结合学校的实际情况和未来发展,综合考虑和安排各项费用,认真编制年度公共预算。在编制预算的过程中,一定要认真、仔细,思前虑后,大家共同完成:学校财务人员首先参照往年的数据,分析其合理性;部门负责人申请年度基金;总务根据往年数据汇总各部室申请情况,安排全年日常费用,保证正常运营费用,增收节支,努力为学校发展增加投资和设备。最终预算必须由教师会审核通过。此外,"增加设备"的预算是一项新内容,每年增加或更换的设备不仅要有预算,还要计划型号、数量和价格,需填写财政性政府采购预算表,如果年初没有预算,财政部门在年中将不予批准。

在执行层面,要按预算执行,既不移用也不超支使用,将预算当作法律来执行。加强过程监督检查,及时纠正偏差,确保经费不被截留、挪用和占用。为此,应建立监督管理制度,对预算执行进行事前、事中和事后的全程

监督。

　　事前监督是预算编制、审议、监督和检查的过程，目的是保证预算编制的合法性、合理性和科学性。事中监督是预算监督的核心环节，是对预算执行全过程的定期监督检查，其目的是确保预算目标的顺利实现，预算资金不被挪用或过度使用。事后监督是对执行结果进行定期和不定期的检查，旨在发现问题，揭露矛盾，总结学校预算管理的经验教训。可将年度预算、接待费、差旅费、月结单等张贴在学校公告栏上，并接受全体教师、学生和家长的监督。同时也欢迎非政府机构和组织参与，确保教育经费严格按照预算执行。

第二节 资源配置机制的建设

教育资源配置失衡是我国教育领域存在的一个不容忽视的问题,为了改变这种现状,避免损害弱势群体接受教育的基本权利,必须建立健全教育资源配置机制。要明确教育资源配置的内容、目标与方式;要明确各级政府的职责,统筹配置基础教育资源;要采取教育补偿措施,确保教育资源均衡配置。只有这样,才能缩小教育资源配置差距,维护弱势群体利益,实现教育均衡发展。

一、教育资源配置定义及其内容、目标与方式

所谓教育资源配置,是指在各级各类型教育(基础教育、高等教育、职业技术教育、成人教育是我国四种并行的类型教育)之间、各地区之间和各学校之间,将有限的教育资源进行分配并使之得到充分有效的使用。

教育资源配置的内容,包括社会总资源对教育的分配、教育资源在各级各类型教育间的分配、教育资源在各级各类型教育学校间的分配,以及教育资源在各地区教育间的分配。其中,社会总资源对教育的配置是指社会总资源在一定的前提下,在社会各领域与教育之间合理配置资源;教育资源在各级各类型教育间的分配主要包括正规普通教育与非正规成人教育之间的教育资源配置;教育资源在各级各类教育学校间的分配主要包括高等教育资源在高校之间的配置、中等教育资源在中学之间的配置和初等教育资源在小学之间的配置;教育资源在各地区教育间的分配主要包括教育资源按行政区域在

省、市、县之间的分配。

教育资源配置的目的，是实现公平、效率和稳定。公平，指的是通过教育资源的有效配置来保证教育起点和教育过程的公平，从而实现结果的公平。教育资源的配置要因地制宜，以纠正实际工作中的不公正现象。效率，不仅指的是教育资源配置的成本，也指这些成本对国民经济发展的重要贡献。通过教育获得更大的预期效益，促进国民经济增长和社会发展水平的提高，是计划资源配置、市场资源配置或混合资源配置的最终目标。稳定，指的是通过教育资源的优化配置，使各地区、各级、各类教育都能获得相对充足的办学资金，从而保证教育的稳定发展，确保各项社会事业的稳定可持续发展，促进经济有效增长。

教育资源配置的方式，主要是指在教育资源稀缺的情况下，提供何种教育服务以及如何提供教育服务。这种方式既要充分发挥政府的主导作用，又要积极引入市场竞争机制以增加教育供给。政府有义务和责任发展教育，合理配置教育资源。在教育活动中，政府的主导作用主要体现在科学规划国民教育、制定相关教育法律法规、创造良好的教育发展环境以及提供必要的监督和评价等方面。市场是资源配置最有效、最具活力的手段，在教育领域引入市场机制不是为了利润最大化，而是为了刺激竞争，包括公立学校之间、公立学校和私立学校之间的竞争，其目的是通过竞争提高教育教学质量，以及办学的积极性和主动性。

二、明确各级政府职责，统筹配置基础教育资源

为了对我国基础教育资源进行统筹配置，提升政府配置层级，由中央及省级政府承担基础教育资源配置的主要职责，是解决现有问题的有效途径。

对于中央而言，对基础教育资源进行统筹配置尤为必要。比如北京、上海等大城市的本地居民和外来务工人员在教学资源上就存在"争夺"的问题，甚至有人认为大城市的高考录取分数偏低将会引发"高考移民"。问题很明显，大城市本身的基础教育资源已经很有限了，外来务工人员随迁的孩子参加大城市的高考，这种"争夺"会引起矛盾，而那些没有随迁的、留守的孩子就不能享受大城市的优质基础教育资源，这对他们就是不公平。只有中央统筹并且完成高考教育资源的分配，才能解决高考资源分配不均的问题。

对于中央如何统筹配置基础教育资源，人大代表及专业人士提出了不少建议。比如，对义务教育经费的统筹，可先挑一些省份来进行试点工作。试点省政府可给每一个义务教育适龄者发一张带有编码的卡，让他们凭卡自主选择学校，接收的学校再凭卡向国家申请资金补助，中央再根据各地所接收的卡数来划拨相关的财政投入款项。还有人提出可将中央返税当作教育资金，也有人提出将基础教育经费纳入财政预算……这些都是可以考虑采用的方式方法。

事实上，中央对基础教育资源的统筹配置一直十分重视，并出台了许多相关的政策性文件。比如，2019年发布的《中共中央国务院关于建立健全城乡融合发展体制机制和政策体系的意见》中提出："建立城乡教育资源均衡配置机制，优先发展农村教育事业，建立以城带乡、整体推进、城乡一体、均衡发展的义务教育发展机制；推动教师资源向乡村倾斜，通过稳步提高待遇等措施增强乡村教师岗位的吸引力；完善教育信息化发展机制，推动优质教育资源城乡共享；多渠道增加乡村普惠性学前教育资源，推行城乡义务教育学校标准化建设，加强寄宿制学校建设。"

对于省级政府而言，统筹配置基础教育资源要把握好以下几点：首先，根据国家有关规定制定办学标准,这是促进基础教育均衡发展的本质要求。省政府要制定并颁布"城乡一体化基础教育学校办学标准",彻底结束城乡待遇差异的历史。在标准实施方面,要制定基础教育均衡发展的中长期规划和实施方案,并分阶段推进。其次,坚持教育优先发展战略,建立健全基础教育经费保障机制。统筹安排基础教育学校建设的项目资金、人事资金和公用资金,逐步实现教育资金均等化。要建立补贴机制,对农村、边远地区和贫困地区的教师给予政策关怀,建立农村和边远地区的教师补贴制度。最后,省政府应加强对县级政府干部教师培训工作的管理和指导,对教育欠发达地区的干部教师培训给予优惠政策。

三、采取教育补偿措施,助力教育资源均衡配置

为了改善基础教育资源配置不平衡的现状,中央和省级政府要发挥财政资源优势,加大教育经费投入补偿力度;要合理配置人力资源,实现优质教师资源补偿;要实施教育弱势群体补偿办法,切实维护弱势群体合法权益。只有这样,基础教育才能真正面向全体公民,从而达到教育资源的均衡配置。

在加大教育投资补偿方面,中央和省级政府应积极承担基础教育投资责任:一是加大对贫困地区和弱势群体教育的财政投入;二是不断完善教育财政转移支付制度;三是在提高投资比例的同时适当降低对基层地方政府的支持比例。

在人力资源合理配置方面,中央政府应积极干预:一是确定教师队伍,规范岗位设置,加强人员配置管理;二是促进优质教师资源在地区、城乡、学校之间的流动;三是改善落后农村现有的教师资源,促进农村中小学教师的学历结构逐步完善。

在实施教育弱势群体补偿办法方面，中央政府和地方政府要维护贫困人口受教育的基本权利并应给予他们一定的生活补助：一是支付进城务工人员子女的学杂费和公用经费；二是设立进城务工人员子女专项经费，确保专项资金落实到位、专款专用；三是协调公共教育资源配置，对社会办学提供资金和政策支持，确保进城务工人员子女接受教育。

第三节 机会分配机制的建设

教育机会亦称"受教育机会",狭义上是指进入各级正规学校学习的机会,广义上是指选择任何教育渠道接受教育并取得学业成功的机会。依各国不同的发展水平,教育机会的具体内涵存在差异,如发达国家主要指高等学校入学机会及接受成人教育、终身教育的机会,发展中国家指接受扫盲教育、普通教育的机会。

当前我国教育机会不均等主要是教育机会数量分配不均等和教育机会质量分配不均等。要公平合理地分配教育机会,就必须建立健全教育机会分配机制:要遵循教育机会分配的基本原则;要供给教育机会,缓解供求矛盾;要实现教育机会分配过程的公开化;要公平合理地设计制度,彰显"弱势补偿"理念。只有这样,才能消除教育机会分配不均的现状,维护弱势群体的利益,实现社会公平正义。

一、教育机会分配方式及其一般原则

教育机会分配方式主要指的是教育机会数量的分配和教育机会质量的分配,即将教育机构提供的教育机会的数量和质量分配给接受教育的人。实质上这种分配是制度性的,也就是说它是必须遵守的分配方式。

历史上曾经有过根据阶级地位和政治表现来分配教育机会的做法。不过历史从来没有停止过前进的脚步,随着社会民主的发展,教育机会分配原则已经非常成熟,目前社会上普遍采用的有强制原则、能力原则、成本分担原

则、机会均等原则和公平原则五项原则。

强制原则主要用于义务教育阶段的教育机会分配。义务教育是国家统一实施的所有适龄儿童、少年必须接受的教育，是国家必须予以保障的公益性事业。义务教育事关国家发展，事关民族未来，因而只有通过法律规定强制儿童少年接受义务教育，才能保障其基本教育权利的实现。《中华人民共和国义务教育法》第4条规定：凡具有中华人民共和国国籍的适龄儿童、少年，不分性别、民族、种族、家庭财产状况、宗教信仰等，依法享有平等接受义务教育的权利，并履行接受义务教育的义务[1]。

能力原则是指当教育机会的供给超过需求时，根据学生的学习能力分配教育机会，并选择最有可能接受教育的学生。在国家教育资源有限的情况下，应当首先将有限的教育机会分配给最有能力的学生，以促进他们的全面发展，为国家培养人才。这种分配原则不考虑学生的家庭背景和经济状况，为所有学生提供平等和一致的竞争标准。这是各国长期以来采取的一种比较公平的分配原则。

成本分担原则的含义是，提供教育机会的主要保障是对教育的充足投入，但对于需求来说，教育投入总是不足，所以政府无法完全履行教育职责，教育供给水平提高缓慢。此外，人们可以通过教育获得巨大的经济和非经济利益，教育投入的负担应与收入相匹配。因此，在接受非义务教育时，学生应该支付学费。不同教育机会的质量是不同的，进入高质量学校的人应该支付更多的教育费用，这意味着教育机会的分配中包括了金钱，但它仍然是基于学生的学习能力和发展成就的。我们应该为享受稀缺和高质量的教育机会多付费，但这绝不意味着多付费就可以享受稀缺和高质量的教育机会。

机会均等原则也叫补偿性原则，意味着任何自然的、经济的、社会的或

---

[1] 详见：《中华人民共和国义务教育法》。

文化方面的低下状况，都应尽可能从教育制度本身得到补偿。也就是说，社会成员，不论其种族、民族、性别、宗教信仰、经济地位和政治地位等方面有何不同，都可享有同等的受教育机会。部分特殊人群等，由于其先天或后天的因素造成了他们的受教育机会相对不足，因此必须给他们创造相对优越的条件，使其能享有与正常群体同等的教育机会。作为现代教育的基本理念，机会均等原则具有鲜明的价值指向，主要是改变处于不利地位的社会阶层的教育状况。

公平原则是指国家合理配置教育资源。这里的"合理"是指站在社会整体发展稳定和社会成员个体发展需要的角度，从两者的辩证关系出发，统一配置教育资源。公平原则可以避免和减少因客观现实差异造成的教育机会不平等，合情合理地分配教育机会。

公平原则是一个值得讨论的话题，我们应正确地理解"公平"。

公平有三个层次的内涵：一是保证人人享有平等的受教育的权利和义务；二是提供相对平等的教育机会和条件；三是教育的成功机会和教育效果是相对均等的，即每个学生在接受相同教育后都能达到最基本的水平，包括学业成绩的实质性公平、教育质量的公平及目标水平的公平。其中，"保证人人受教育"是前提和基础，"提供相对平等的教育机会和条件"是进一步的要求，也是"教育成功机会"和"教育效果相对均等"的前提。一般来说，这三个层次可以概括为起点公平、过程公平和结果公平。

此外，我们还应该知道，教育公平的发展具有一定的关联性；同时，对教育公平和效率的追求是统一的。

为什么说教育公平的发展具有一定的关联性？这是因为，这个世界没有完全意义上的无限制的绝对公平，公平必须取决于一定社会条件的存在和变化，并受社会生产力发展水平和人们对教育公平概念认识的影响。原始社会的教育公平是一种低水平的公平，涉及所有成员；在奴隶社会和封建社会，教育是一种特权，仅限于少数人，大多数劳动人民的子女几乎没有接受正规教育的权利和机会；工业社会以来，教育逐渐普及，人们对教育公平的理解也逐渐经历了从起点的公平到过程的公平再到结果的公平。因此，教育公平是人们一直追求的理念，是人类奋斗的方向和目标。

为什么说对教育公平和效率的追求是统一的？这是因为，在社会现代化进程中，公平与效率常常难以平衡，教育的发展也面临着类似的困境。但是，与社会经济领域不同，教育领域的这一矛盾有其特殊性。研究表明，在教育的不同阶段，教育公平的特点和侧重点不同。在初级教育阶段，最重要的是普及教育，保障儿童平等接受教育的权利。教育普及之后，追求的是教育过程中的公平对待和教育的高质量。因此，在教育权利平等的前提下，必须采取高度筛选和分流的教育制度，强调经济合理性，在资源分配和教学过程中平等地对待每一名学生，使他们可以享受平等的教育；同时在承认个体差异和发展不平衡的前提下，为每个孩子提供不同类型的教育，使他们的个性得到充分的发展，最终确保他们得到公平的对待和优质的教育。

受教育权是一项基本人权。《世界人权宣言》第二十六条规定："人人都有受教育的权利，教育应当免费，至少，在初级和基本阶段应如此。初级教育应属义务性质。技术和职业教育应普遍设立。高等教育应根据成绩而对一切人平等开放。"从我国目前的国情来看，在义务教育阶段，应采取强制性原则和补偿性原则。接受义务教育是每个人的基本权利，无论他们的才能、素质和贡献如何。强制性原则是义务教育阶段的基本原则，落实弱势群体补偿性原则是义务教育机会分配的保障。而在非义务教育阶段则应实行能力原则、成本原则、补偿性原则。非义务教育属于人民群众的非基本利益，按能力分配是其基本原则。每个人都应该因为能力不平等而享受不平等的非基本利益。

这样，无论家庭出身、经济地位和社会地位如何，都会选择最优秀、最有能力的学生接受非义务教育。成本分担原则处于辅助地位。作为一种公共资源，公共教育应该根据个人的学习能力从公平的角度进行选择，不能等同于社会提供的非基础教育，因为个人的支付能力不足，为保证有能力的学生不因贫困而辍学，必须落实能力原则。

二、供给教育机会，均等教育机会

教育机会供给是教育机会分配的前提条件，也制约着教育机会的分配方式。由于我国教育供求矛盾尖锐，教育机会的数量供给和质量供给都存在不均等的现象。那么，在义务教育阶段和非义务教育阶段，如何实施教育机会供给来实现教育机会均等呢？

义务教育阶段指的是适龄儿童、少年必须接受的教育阶段，具体来说就是从小学到初中这个阶段。

在义务教育阶段，要致力于扩大对贫困地区的教育机会供给，最大程度地满足全体儿童的教育需求。否则，无论怎样分配教育机会都是不公平的。在这方面，"教育扶贫"是一个伟大创举，是最现实的和最有力的教育机会供给举措。

党中央倡导扶贫必扶智，让贫困地区的孩子们接受良好教育，是扶贫开发的重要任务，也是阻断贫困代际传递的重要途径。"治愚"和"扶智"的根本就是发展教育。相对于经济扶贫、政策扶贫、项目扶贫等，"教育扶贫"牵住了贫困地区脱贫致富的"牛鼻子"。一个水桶能装多少水不是由最长的那块木板决定的，而是取决于最短的那块木板。贫困地区的教育水平就是扶贫攻坚战中的最短板，扶贫攻坚就是要克服教育这块"短板"。

目前，扶贫政策有高等教育学生资助政策、中等职业教育学生资助政策、普通高中教育学生资助政策、义务教育学生资助政策、学前教育资助政策等。此外还有"两免一补"（免除学杂费、免费提供教科书，为家庭经济困难学生发放生活补助）、"五个一批"（即发展生产脱贫一批，易地扶贫搬迁脱贫一批，生态补偿脱贫一批，发展教育脱贫一批，社会保障兜底一批）、"营养改善计划"（2011年实施农村义务教育学生就餐问题的健康计划）等。至于教育扶贫政策的落地实施，现在也有很多方式方法，比如，开办"教育扶贫班"；剩余劳动力转移培训与就业扶贫；为国家扶贫重点县建立现代远程教学站；设立教育扶贫基金，为贫困学生提供必要而稳定的经济保障；捐献钱物；国家和社会机构为学校提供各种资金，为在校学生提供奖、贷、勤、补、减的资助体系等。

非义务教育阶段，严格意义上指的是小学到初中这段时间之前和之后的阶段，一般主要指的是高中和大学阶段。

非义务教育阶段的教育机会数量分配不均等主要表现在高考录取名额的差异；教育机会质量分配主要是高中阶段的双轨分配以及高额学费和倾斜的录取分数线。因此在非义务教育阶段，应力求均衡教育机会供求。所以，需要建立相应的机制。比如，建立投资主体社会力量相关权益保障的机制，逐步建立以政府办学为主体、社会各界共同办学的新体制，形成公办学校与民办学校共同发展的新格局；建立成本个人分担比例安排机制，实行教育成本分担，凡有就读者的家庭负有义不容辞的"分担"责任；建立公立教育均衡发展机制，这主要是指政府的投资和政策应该是遵循均衡发展的原则，政府提供的应该是一个公平的教育。只有建立相应的机制，才能缩小地区差异和校际落差，为合理分配教育机会提供前提条件。

三、公平分配机会，促进教育公平

教育机会的分配是否公平，是测度教育公平性的一个重要标志。教育公平是指每个社会成员在享受公共教育资源时受到公正和平等的对待，包括教育机会公平、教育过程公平和教育质量公平。在实践中，受教育的权利和机会、教育资源投入、升学、受教育的过程、就业与社会流动前景等各个方面、各个层面，都体现了教育机会的分配是否公平。

在受教育的权利和机会方面，只要是一个国家的公民，无论其性别、种族、宗教信仰、地域、家庭财富状况等有何不同，都应该凭其公民资格平等地享有受教育的权利和机会。

在教育资源投入方面，教育资源投入包括课程、办学条件、师资力量等的投入，其公平性在于：第一，每个人都应该享有一样的教育资源投入与保障份额；第二，应补偿处于不利地位、落后地区的群体与个人，保障甚至增加他们获得同样发展的可能性；第三，不同地区的人其所在地区的财富、经济发展状况各有不同，但同样享有受教育的资源保障。

在升学方面，既要尊重考试成绩，即在升学机会上根据成绩、努力来主导分配，也要保障弱势群体与个人的升学机会，保证他们在升学比例上不落后于其他人。

在受教育的过程方面，学生不应该因教师喜好倾向、家庭子女多少、学生家庭背景等的不同而在学校、课堂、家庭受到不同对待。比如在学校，学生要在课程开设、课堂提问、座位安排与调换、考试及操行的评价、成功成长的期望等方面得到同等的对待。

在就业与社会流动前景方面，每个毕业生享有公平进入劳动力市场的权利与获得工作的机会，不因学生的性别、身体残障状态、家庭背景的不同而受到不同对待。

上述各个方面、各个层面的教育机会分配究竟是否公平是可以测度的，其测度主要有学生、地区和教育制度三个维度。其中，学生维度主要是关注学生的性别、民族、残障状态及家庭社会经济地位等，主要考虑的是学生的个人特质，注重实现不同个人特质的学生的受教育公平；地区维度主要是关注地区的类型如省、自治市、学区等，以及关注城市化及地区的财富状况等，主要涉及提供教育机会的外部条件，即所有接受教育的学生不应因其所在地区的经济状况的不同而有所不同；教育制度维度主要是测度教育制度本身及其他系统的公平性，强调关注和保障那些低于最低门槛的个体及群体的受教育机会。

四、切实保障弱势群体受教育的权利

弱势群体是指那些在主流社会发展中处于弱势地位，依靠自身的能力无法维持个人及其家庭成员最基本的生活水准，需要国家和社会给予支持和帮助的社会群体。教育弱势群体是指那些由于生理、经济或其他客观原因使其在享受教育权时处于不利境地、需要特别保护的人群，主要包括女性、残疾人、贫困人口及少数民族受教育者等。

教育弱势群体不仅在受教育过程中受到歧视，还在受教育的起点和结果两个节点上受到不公平待遇。究其原因，既有性别、家庭经济、个人身体条件等自身因素，也有教育经费的投入过低、分配不合理、使用效率不高以及教育体制不完善等外在因素。鉴于这种状况，必须转变观念提高认识，更应当采取加大教育投入、合理分配教育资源、建立弱势补偿制度等措施，切实保障弱势群体的受教育权，使弱势群体能够通过接受教育来改变自身的弱势

状况，走上自立自强的道路，最终实现教育公平。

教育观念落后势必严重阻碍弱势群体受教育权的享有和保护，因此教育观念必须改变，要正确对待弱势群体形成的客观原因和进城务工人员在城市化改革过程中的贡献，尊重弱势群体，帮助弱势群体。只有全社会改变错误观念，树立正确观念，才能为弱势群体提供公平、舒适的环境，更好地保护弱势群体的受教育权。

教育投资不仅是教育可持续健康发展的重要保障，也是保障弱势群体受教育权的关键。党的十九大报告提到，要优先发展教育，办好人民满意的教育，实现教育公平，努力确保每一个孩子可以享受公平优质的教育。如此美好愿景的实现离不开巨大的教育投资。目前，我国教育经费仍然严重不足。因此，政府增加对教育的投入迫在眉睫。

在教育资源配置过程中，应充分考虑弱势群体的特殊性，尽可能地满足弱势群体的需要。如特殊儿童可能比普通儿童需要更多的教学设备或辅助设备，来自农村或贫困家庭的儿童需要减少或免除一些费用，这就要求在分配教育资源时应考虑到这些因素，以尽可能满足他们的需要。

我国应建立对弱势群体的补偿制度，对他们采取减免学杂费和其他费用的政策。比如，建立包括弱势群体在内的社会参与制度，共同讨论制定教育公共政策，实现教育的公共治理；逐步完善弱势群体法律保护制度，根据不同教育对象进行教育立法，以完善现有的法律法规体系；建立教育政策补偿制度，从起点的公平、过程的公平、结果的公平三个维度制度性救助、资助弱势群体。

第四节　共建共享机制的建设

教育资源共建共享不仅可以提高教育资源利用率,充分发挥优质教育资源的作用更好地满足人们对优质教育资源的需求,还可以实现全社会教育信息资源的有效整合,为建设学习型社会和创新型国家提供有力的支撑和保障[①]。

对于提高国家教育整体质量,推动教育、国家和社会的发展具有重大意义。有效推动教育资源的共建共享,首先应建立好教育资源共建共享机制,其次要致力于网络教学模式下的教育资源共享建设,此外还要考虑并解决同类共享资源如何选择的问题、共性与个性共享的问题等。

一、建立优质教育资源共建共享机制

在新课程改革深入推进的当下,应致力于整合、改造网上资源,建设学科教学资源库,建立优质教育资源共建共享机制,以推进数字化资源建设,促进教育均衡发展。

一是整合、改造网上资源。面对互联网上越来越多的信息资源,如何准确、有效、快速和科学地处理大量的信息已成为优质教育资源共建共享的一个不容忽视的问题。在整合、改造网络资源时,必须结合自己的经验和感受,演绎自己的个性和技能,坚持"和而不同"的价值观,充分理解学生现有的

---

① 李更良,朱树金.数字化教育信息资源共建共享机制研究[J].软件导刊(教育技术),2009(7):4.

认知结构、认知能力和学习心理，按照既定的教学目标下载资源并进行分类、排序、删减，让资源具有鲜明的个性；要做到与时俱进，调整过时内容，使之具有时效性、生活性、趣味性、参与性和可接受性，真正把离散的素材型资源转变为结构化的主题资源单元，为师生提供最亟须、实用、便捷、优质的教学资源。

二是建设学科教学资源库。学科教学资源建设应从三个方面来实施：第一，坚持对辖区的教师进行重点、分层的现代信息技术培训，使教师逐步掌握现代信息技术理论、多媒体课件制作技术，提高教师的信息技术素养和创新实践能力。第二，根据教学及科研资源开发目标的需要，有计划、分阶段地将人员、资金、设备、信息资源等有机地结合起来，形成最佳的开发体系。第三，构建集教学科研、教师专业发展、资源建设于一体的教育信息平台，通过设立"名师导学""教学日志"等栏目，使不断加入的教师能够在平等、民主、自由的氛围中反思、学习、交流、合作和分享，从而极大地激发教师的潜能，并最大限度地发挥优质教育资源的开发利用。

三是建立优质教育资源共建共享机制。共建共享是教育信息化的关键机制，在建设过程中要把握以下四个要点：第一，学校和教学单位要收集、筛选、整理、转化长期积累的各类教学资源，然后加入资源库，对这个过程中的资源贡献者予以奖励；第二，每月在网上开展优质教育资源建设典型经验交流，及时表扬先进，提高学校及教师和学生建设优质教育资源的积极性；第三，结合学校定位和学科特色，努力打造特色教育资源；第四，向优质教育资源的贡献者免费发放能够获取和使用一定数量资源的"使用卡"。如果他们需要使用更多，则必须上传一定数量的优质教学资源，以获得更多的使用权。采取"使用卡"的方法，让每个优质教育资源贡献者不仅是教育资源的开发者和提供者，也是使用者，从而创造合作共赢的新局面。

二、网络教学模式下的教育资源共享建设

网络教学模式最为显著的特征和优势就是能够更加充分地实现教育资源共享，共享可以大大提高教育资源的利用效率。

网络教学模式下的教育资源共享建设需要运用多种手段和措施，其中比较常用且效果显著的方法就是建立教育教学资源数据库。数据库的建设，可以将教学过程中涉及的教育目标、教学计划、各种教材和考试指导等教育教学资源都纳入数据库中。学生可以根据学习及创新的需要，通过电脑或手机独立下载和获取数据库的资源信息。这种资源共享不仅可以提高教育教学资源的利用效率，而且可以有效地引导学生自主学习，培养学生的创新思维。

教育教学资源数据库的管理工作也不容忽视。在实践中，除了依法合规管理外，还要加大资金投入、完善机制和健全体系，教师、学生乃至校外软硬件公司都可参与进来，共同创建和完善资源库。资源库的软硬件不断完备，教学资源的不断完善，不仅能有效地减少教师备课、教学的时间，还能很好地激发学生的学习积极性和创造性。

除了建设资源库外，还可以利用目前广泛使用的社交媒体平台，如QQ、微信、微博等软件在网络上传输教育资源，传输内容包括教育课程、教师的教育教学资源、学生的学习资源、教学软件等，传输载体或形式有文字、图片、音频、视频等，从而实现教师之间、师生之间、学生之间的资源共享。

总之，网络教学模式下的教育资源共享有助于创新网络教学方法，完善网络教学评价，促进课堂教学水平和效果的提升，满足学生学习需求，从而凸显网络教学模式的优势。

三、资源共享方式及共享后的思考

资源共享目前有很多种方式，比如文件夹共享，局域网最常见的就是文件夹共享，当然也可组建 FTP 和 HTTP 服务器来共享文件。广域网里的共享形式跟局域网差不多，只是说法不同，常见的有一些网络硬盘，比如网易的网络硬盘，此外还有论坛、博客、播客等都是资源共享平台，通过它们可以更好、更快、更方便地浏览或找到我们需要的资源。

共享之后，是不是身在其中享受共享就一切都万事大吉了？其实，共享后我们还应该做进一步的思考，这是共享资源整个过程中不能回避的重要一环。而最值得我们思考的就是共享资源的选择、共性与个性共享、评价和反馈这几方面的问题。

如何选择共享资源？在资源共享过程中，类似的学习资源或课程资源必然出现，学校、机构、学生如何选择学习资源？此外，在选择媒体时，通常根据媒体选择分析表进行选择，那么对于相似共享资源的选择，我们是否可以设计相似的量规进行选择？这些都是值得我们进一步思考的问题。

在共性和个性共享方面，要结合网络教育的特点，科学制订并不断完善课程和教学内容；要加强对学生学习过程的指导和服务，确保每一个学生都有一名指导教师及时提供指导和服务；要根据需要对教师进行培训和管理。

分享后的有效评估和及时反馈也是一个值得思考的问题。共享资源的使用将不可避免地减少学生与资源提供者之间的沟通甚至联系，因为资源提供者没有义务为共享资源的用户提供后续服务，就像教科书编辑没有义务为老师和学生提供后续指导和沟通一样。为了解决有效的评价和反馈问题，在设计和开发共享资源或课程时，必须考虑师生之间的同步和异步交互以及及时反馈问题，让学习者感觉到自己的学习活动不是孤立的，不单单是电脑与自己交谈，而是大家一起参与。

第六章　互联网教育资源建设之数字化实践研究

数字化的发展，为教育的改革和发展提供了机遇。数字化的教育资源在承载信息量、复用、传递、共享、交流、反馈等方面比非数字化的教育资源具有更明显的优势。要在互联网环境下真正实现教育资源的数字化，不仅需要技术上的有力支撑，也需要遵循数字化发展路径。这样才能避免资源闲置，实现资源利用最大化。

第一节　数字化教育资源的种类及其特征

所谓数字化教育资源，简单来说，就是指经过数字化处理的教育资源，也就是教育资源的数字化。数字化教育资源可以在多媒体计算机上或网络环境下运行，可以让多媒体学习材料实现共享，具有信息更新及时、交互性好、覆盖面广、信息获取渠道多样、信息获取快捷、信息容量大、信息传播边际成本低廉等许多优点。数字化教育资源的内容十分广泛，涵盖多媒体课件库、多媒体素材库、视频资源库、网络课程、数字化图书馆、教师教学网站群、专业课程资源库等多方面。

一、数字化教育资源的种类及各自特点

数字化教育资源指的是教育中所使用的硬件、软件教育资源，更准确地说，就是数字化硬件教育资源和数字化软件教育资源。前者是指教育中所使用的计算机、投影仪、视频展台、数码照相机、数码摄像机等数字化设备；后者是指教育所使用的软件、课件、视频、音频、网络课程、软件标准、数字化期刊数据库等。

从分类的角度来看，数字化教育资源的分类有很多种，诸如按资源的功能分类、按资源的组织方式分类、按资源的检索方式分类、按资源的使用对象分类等。所有这些归结起来，其实只有静态资源和动态资源两种类型，因为二者涵盖了数字化教育资源的功能、组织方式、检索方式及使用对象等各个方面。下面我们就来看看这两种类型当中的各个义项及其特征。

静态资源主要包括图像资源和文字资源。

图像资源的常见格式有 BMP、JPEG、PSD、GIF。其中 BMP 是英文 Bitmap（位图）的简写，它是 Windows 操作系统中的标准图像文件格式，能够被多种 Windows 应用程序所支持。JPEG 即联合图像专家组，是用于连续色调静态图像压缩的一种标准，文件后缀名为 .jpg 或 .jpeg，是最常用的图像文件格式。PSD 文件可以存储成 RGB 或 CMYK 模式，还能够自定义颜色数并加以存储，还可以保存 Photoshop 的图层、通道、路径等信息，是唯一能够支持全部图像色彩模式的格式。GIF 是一种位图。位图的大致原理是：图片由许多的像素组成，每一个像素都被指定了一种颜色，这些像素综合起来就构成了图片。GIF 格式和其他图像格式的最大区别在于，它完全是作为一种公用标准而设计的。此外还有其他的有关图形图像的格式，如 TIFF、PCX、PNG 等格式，不过限于篇幅，在这里就不一一进行介绍了。

文字资源是最常用的一种媒体资源。文字资源主要有 TXT、DOC、PDF 等格式。TXT 格式即纯文本格式，优点是使用简单，文件占内存小，但形式单一，所以在教学中使用率不高；DOC 是一种文档格式，支持 Microsoft Office、WPS Office 和苹果 macOS；PDF 是电子印刷品文件格式，特点是无论在哪种打印机上都可保证精确的颜色和准确的打印效果，是传发电子文件的一种理想格式。

动态资源主要包括动画、视频、音频。

动画具有形象、直观、生动的特点，是教学中一种非常重要的资源。FLI 格式是一种比较流行的动画格式，2D、3D 动画制作软件通常采用这种文件格式。在 Authorware 等课件编辑软件中都可以支持 FLI 格式的动画。Flash 软件是一种交互式动画设计软件，用它可以将音乐、声效、动画以及富有新意的界面融合在一起，以制作出高品质的网页动态效果。

视频在新媒体教学中的应用广泛，可为教学提供丰富内容。常见的视频格式有 AVI、MOV、MPEG、DAT。其中，AVI 格式是指支持"音频/视频交叉存取机制"的格式，简称为 AVI 格式文件。支持软件有 Animator、Flash、Premiere、Screen Camera 等；MOV 格式是一种音频、视频文件封装，用于存储常用数字媒体类型，具有跨平台、存储空间小等技术特点，是多媒体视频文件中一种重要的文件格式；MPEG 格式是压缩视频的基本格式，相当于一种储存视频信息的容器。我们在电脑上看到的 avi, mpg, vob 这些视频文件格式的后缀名即采用相应的视频封装格式的名称；DAT 格式是数据流格式，即我们比较熟悉的 VCD。DAT 文件可以用一般的视频播放器打开。

音频在教学过程中能够更好地引起学生注意，维持学生注意力，还可以为学生创造一个良好的学习氛围。常见格式有 WAV、MIDI、MP3、RAM、RM 格式。其中，WAV 格式是最基本的音频文件格式，主要是把外部声音直接转化为数字信号储存起来，需要时再转化为模拟信号输出；MIDI 格式又称为 MID 格式，MIDI 格式文件存放的是合成音乐的谱；MP3 格式具有容量大、音质好、占用的空间较小的特点，所以有利于在网络上传输；RAM 和 RM 格式属于可以实时欣赏音乐、听新闻广播、看电视的网络实时播放文件。Real-Player 是播放这种格式音频最常用的播放器。

二、数字化教育资源的终端种类及特点

数字化教育资源的终端目前主要有三类：个人电脑和平板电脑，以及智能手机。

个人电脑又称个人计算机（personal computer，缩写为 PC）。在机型上分为常见的台式电脑和笔记本电脑。台式电脑因采用开放式硬体架构，所以除

了品牌外，也盛行自行组装的"DIY电脑"；笔记本电脑，又称手提电脑、掌上电脑或膝上型电脑，其特点是机身小巧，比台式机携带方便，是一种小型、便于携带的个人电脑。另外，从性能、软件生态、成本、显示效果来看，个人电脑仍旧是目前数字化教育资源的主要终端。

从性能上讲，个人电脑的数字运算能力与图形处理能力目前仍然是最强大的，可以保证执行各种任务时的高效率与可靠性。从软件生态上来讲，无论是 Linux 还是 Unix，或是最常见的 Windows 等，都拥有各种各样的配套工具软件，可以保证用户顺利地使用各类数字化教育资源。从成本上来讲，因为现在个人电脑普及率高，所以不需要为了数字化教育资源而额外购置，这就大大降低了数字化教育资源的使用成本。从显示效果上来讲，大尺寸的 IPS 显示器更加适合使用数字化教育资源。

平板电脑，其最大的特点是触摸屏和手写识别输入功能，以及强大的数字笔输入识别、语音识别、手势识别能力，且具有移动性。作为一种集成了多种设备特性的多媒体移动设备，平板电脑在数字化教育教学中的应用具有以下优势：首先，平板电脑可以在互联网上搜索数字化教育教学信息，还能拍照、录制视频并手动输入，有利于学生高效地进行学习。其次，使用平板电脑进行学习不受时间和空间的限制，教师利用平板电脑可以在课堂上实时分发课件或者视频，可以了解全班的参与情况和知识掌握情况，从而有针对性地给出学习建议，实现个性化教学。而学生可以很快收到教师提供的课件或者视频并实时反馈。最后，通过采取"平板电脑+作业管理平台"模式，教师可以在线安排作业，学生可以将在平板电脑上书写完成的作业提交到网络服务器。这样，教师可以有效地记录和跟踪学生对知识点的掌握情况，系统地记录每个学生的个人认知情况，便于对学生学得不扎实的地方进行有针对性的指导。

智能手机是一种手机类型的总称，其具有独立的操作系统和运行空间，可由用户自行安装软件、导航等第三方服务商提供的应用，并可以通过移动通信网络来实现无线网络的接入，具有优秀的操作系统、可自由安装各类软件、全触屏式操作这三大特性。

智能手机 App 应用于教育教学领域有如下优势：首先，教师可以通过智能手机 App 对书本中的教学内容进行合理规划，也能针对书本中的其他内容进行课下的补充学习，为学生提供了更加多样的知识。其次，学生可以利用智能手机 App 自由安排学习的时间，这有助于培养学生自主学习习惯，实现全面发展。

事实上，无论是自主学习还是学习课程内容，学生在使用数字化教育教学资源时，个人电脑上的搜索引擎仍然是使用频率最高的。个人电脑显示效果更好，诸如公式编码混乱和无法显示特殊符号等经常出现在手机上的问题，很少出现在个人电脑上；同时，个人电脑使用搜索引擎有很大优势，这就是搜索速度更快，虽然有时会链接到很多无用的边缘素材，但通过合理选择关键字，可以大大提高搜索速度和准确性。这些现实中存在的情况，为移动端的数字化教育教学资源开发和应用提供了更为广阔的空间。此外，应着眼于一些常用的应用工具的开发、一些常用数据的查询、一些视频的教学等，以便更充分地发挥数字教学资源的力量。

三、对学生数字化教学资源的需求与成本

学生最终是否会选择数字化教学资源，取决于数字化教学资源能否满足学生的需求，以及学生在使用数字化教学资源时的成本。

现实中，学生对数字化教学资源的需求主要体现在两个方面：一个是资

源能否满足自身需求，另一个则是使用这些资源的难度是否符合自身现状。需求内容的难易程度取决于学生专业素养的高低，普通学生可能更需要一些难度适中的文献类教学资料或者课程服务，而难度较高的内容往往只有一些学有余力或者兴趣浓厚的学生会选择。一般来说，如果可以获得同样的资源，大多数学生会选择使用难度更低的数字化教学资源。

虽然学生对数字化教学资源有需求，但并不代表他们一定就会使用这些资源，这里面其实涉及成本问题。如果数字教育资源使用的预期值低于自身需求，学生将不会选择数字教育资源而是去寻求其他的替代途径。一般来说，学生选择数字化教学资源时主要会遇到时间、购买、交易与智力等方面的成本问题。

时间成本主要指的是下载及更新和维护所耗费的时间。数字化教学资源需要下载、更新、维护，这都需要等待，都需要学生付出时间。

购买成本就是学生购买数字化教学资源所需的费用，包括客户端设备、网络传输费用、电费、产品购买费用等。

交易成本是指学生可能因为交易付出额外的成本，如申请网银账户、安装安全控件。一般来说，如果不考虑电子设备的购置，申请网银账户和安装安全控件这两种成本很少发生在既无竞争性又无排他性的数字化教学资源上。

所谓智力成本，就是指学生想要熟练使用数字化教育资源所需要付出的智力，要想在特定网站和应用程序上正确获得所需要的资源，学生需要有较强的专业素养，需要付出很多智力。

第二节　教育资源建设数字化的支撑技术

教育资源数字化建设需要新一代信息技术的支持。新技术是新型生产要素，可以在教育数字化转型、知识产权保护及个性化教育资源的购买、使用和付费等方面发挥重要作用。比如，多模态学习分析技术支持学习感知，学科知识图谱技术支持资源智能组织，机器学习技术支持数字资源的内容监管，区块链技术支持数字化教育资源的流通管理等。

一、多模态学习分析技术

多模态学习分析是多模态交互、学习科学、机器学习等领域交叉形成的一个新方向，它是指对学习者与学习终端之间、与学习资源之间的交互、感知、语义理解进行立体分析，以优化学习体验。

所谓模态，就是我们接触到的诸如视频、图像、文字、语音、味道、软硬度等信息，每一种信息的形式都可以称作一种模态。人类通过眼、耳、舌、鼻、身五种感官与外部环境之间的互动，形成了视觉模态、听觉模态、味觉模态、嗅觉模态和触觉模态五种模态。多模态学习分析所能创造的多维模态空间，则包括讲话、写作、手势、表达、注视、身体活动、信号、表征、元认知、交互等各种因素，这将有助于学习者在互联网环境下的学习过程和学习体验的跟踪与优化。

具体到数字化教育资源建设领域，我们可以通过多模态学习分析技术挖掘同一学科资源的模态特征，以及学习者信息交互和学习特征的相关因素，然后结合并消除学习者可能存在的知识歧义和对学科资源的偏见，从而促进学习者对学科主体知识的正确认知。此外，根据具有不同模态特征的学习资源对学习者的不同影响，通过多模态学习分析技术可以解释和预测最佳的数字化教育教学资源组合和学习路径。

多模态学习分析技术可以优化学习过程和学习情境，这是毋庸置疑的。在这方面，多模态教学模式就是一种成功实践。例如，生物老师在介绍克隆的某个知识点时，可以用漫画与音乐相结合的模态方式来展示。通过多媒体播放音乐与漫画的赏析能吸引学生的注意力，引发学生思考。如果某个知识点可以真人表演，就布置任务，让学生进行角色扮演，完成真人版的重现。这一过程能够从听觉、视觉、触觉等多方面充分调动学生学习的积极性和主动性，增强学习兴趣及参与度。

作为一种新兴的教学模式，多模态教学模式将视觉模态、听觉模态、味觉模态、嗅觉模态、触觉模态等多种模态融为一体，可以充分调动学生的五官模态认知，将课堂由沉闷变为灵活，使学生由被动变为主动，提高学生的学习能力。多模态学习分析技术支持下的多模态教学模式不仅关注各种感官在学生知识建构中的作用，还可以发挥图像、动作、视频、录像等非语言文字符号模态在意义传递和建构中的作用，这将有助于提高学生学习的兴趣和积极性，实现教学的语境化、交际化和生活化。

值得一提的是，目前关于多模态教学模式终端的实证研究较多，理论总结较少。由于该模式是一种新兴的教学模式，多数研究尚处于"首先提出假设，然后验证假设，最后得出具体结论"的阶段，在解决具体问题时卓有成效，但尚未见到系统的研究。这或将成为未来几年的一个重点课题。

二、学科知识图谱技术

学科知识图谱技术通过一系列各种不同的图形来显示知识发展进程与结构关系。学科知识图谱注重用可视化技术来描述知识资源及其载体，挖掘、分析、构建、绘制和显示知识及其之间的相互联系。其主要特点是，便于更加准确地搜索和获取信息和内容，且搜索具有连贯性，因而被称为知识领域的映射地图。

具体到数字化教育资源建设领域，学科知识图谱的应用主要包括三个方面：一是明确不同版本的教学大纲、教材和教师指导用书的学科知识点概念及其逻辑联系，这个应用对组织学科资源、实现智能化具有重要意义；二是建构开放学科知识，以扩大学习者对知识的理解深度，促进学习者对深层次学科知识的学习；三是推动建立学科资源内容标准体系，促进学科资源的跨学科整合与共享，以利于复合型人才的培养。

例如，在智慧课堂的应用中，学科知识图谱将动态数据分析和动态学情诊断贯穿于教学的全过程，实现因材施教，让教学决策数据化和智能化。在课前、课中、课后综合运用数据挖掘和智能化能力。在课前，利用学科知识图谱数据挖掘技术得到学生的学情数据，据此制订教学策略，做到决策数据化。在课中，利用知识图谱对知识内在的关联进行可视化，帮助学生构建对知识的深层次认知。在课后，根据学生的学习状况，推荐个性化的有针对性的练习题。

三、机器学习技术

机器学习属于交叉学科，因为它涉及概率论、统计学、算法复杂度理论等多个领域。通俗地说，就是观察由多个样本组成的集合，并依据这些数据来预测未知数据的性质。其技术核心主要包括人工智能技术和计算机技术。

具体到数字化教育资源建设领域，通过机器学习技术可以实现对数字教学资源的全链条监管。具体体现在两个方面：一是识别和把控不同模态特征的数字教育资源，二是分析并关联呈现相同或相似学科知识主题的数字资源。

例如，给机器（计算机）提供一组关于"猫"的照片及教学数据，这些数据中有的说"这是猫"，有的则说"这不是猫"。之后，可以给该计算机展示一系列猫的新照片，接着计算机就会开始识别哪些照片是猫，哪些不是。然后，计算机通过机器学习会不断扩充猫的教学数据，不管准确与否，识别的每一张照片都会被计算机添加到教学数据组，识别程序因而能够逐渐变得更加"智能"，变得更加善于完成任务。

四、区块链技术

所谓区块链，正如本书第三章第五节所述，它是一个分布式、去中心化的"数字账本"即共享数据库，存储于其中的数据或信息具有"不可伪造""全程留痕""可以追溯""公开透明""集体维护"等特征。区块链技术奠定了坚实的"信任"基础，创造了可靠的"合作"机制，具有广阔的运用前景。

具体到教育资源的数字化建设方面，区块链的作用主要体现在两个方面：一是将资源用户的数字身份存储在区块链上，二是智能合约机制在确保数字资源流通的同时，有效提升数字教育资源的公信度。现在学校虽然拥有许多高质量的在线教育和学术研究资源，但大多无法跨校共享这些资源。通过区块链的智能合约可以简化认证流程，整合校内外优质资源，形成学术资源区块链联盟。教师和学生可以在跨区域的任何一个区块链资源节点中获取和共享这些资源。同时，区块链的容错机制使得所有共享的资源不会因为一个区块链节点的故障而无法提供服务，确保了整个资源区块链数据的安全和完整。

总之，未来是数字化教育的时代，在区块链等新一代信息技术的引领下，打造更多符合新时代教育发展的数字化教育资源，可以更好地辅助学校管理、教师教学和学生学习，为国家培养更多优秀的人才。

第三节　教育资源数字化发展路径与建议

要实现教育资源数字化的可持续发展，不仅需要从资源体系、管理、应用、监管等方面充分发挥新一代技术的优势，为教育资源数字化建设注入创新发展活力，还要运用"开放""共享"的互联网思维革新教育资源数字化的共建共享机制，促进数字化教育资源跨时空在线流转。

一、教育资源数字化建设发展路径

从本质上讲，教育的数字化转型首先是通过技术实现转型的。因此，教育资源数字化建设应采取技术驱动策略，在资源创新、资源管理、资源监管、资源应用等方面充分发挥新一代技术的优势，为教育资源数字化建设不断注入活力。

教育资源创新离不开技术，或者说尤其需要技术的支持。5G技术、虚拟现实技术、人工智能技术、知识图谱技术、大数据技术等现代新技术为教育资源的数字化应用、创新提供了强有力的支撑，其所打造的多样化的形式、情境化的内容、动态化的互动、个性化的学习需求等推动了教育资源的数字化建设。例如，我们可以通过虚拟现实技术开发沉浸式体验的数字化教育资源，通过人工智能技术创建人机协同的数字教育资源，通过知识图谱技术重构教育资源结构，通过大数据技术开展学生的学习情况全过程纵向和德智体美劳横向的评价。因此，我们一方面要积极探索利用各种新技术对教育资源进行深度、多维的数字化开发，另一方面要不断克服制约技术发展的关键问题，为促进教育资源数字化的创新应用提供动力源泉。

教育资源管理水平的提高是实现数字化教育资源有效供给的必要手段。提高教育资源管理水平同样离不开技术的支持，例如，利用互联网技术整合优质教育资源，利用知识图谱技术实现海量资源的规范化、结构化管理，依靠多模态学习分析技术监控学习者的认知结构和水平并据此创新教学方式等。毫无疑问，新一代互联网技术手段已经成为教育资源管理智能化的必要支撑。当然，除了技术支持外，还要加强教育资源配置，配齐配强师资队伍，加大财政投入力度，完善学校配套设施，强化校园环境建设和安全管理，为广大师生提供良好的学习、工作和生活环境。

教育资源监管的智能化是保障数字教育资源质量与应用效果的重要一环，新一代技术手段也是数字教育资源监管智能化的必要支撑。面对呈指数增长的数字教育资源，需要基于机器学习技术的对资源的备案、流通、评价等的全链条管理，需要基于区块链技术的数字教育资源安全流通及产权保护等。以评价环节的智能化监管为例，可以发展人机结合的智能监管评价系统，这种系统既在一定程度上保证了教育资源审核的客观性与实时性，也能有效降低劳动成本与压力，是推动数字教育资源监管创新和发展的一个不错的思路。同时，基于区块链技术的"智能合约""不可篡改"等特性，构建资源建设链、应用链、监管链等联盟链体系，可为数字教育资源的安全流通、产权保护、内容监管等提供新渠道，有助于保护资源创作者的合法权益。此外，建立全过程、动态化的教育资源评价机制，综合人工评价与机器评价、线上评价与线下评价、定性评价与定量评价于一体，将有助于推动数字教育资源的持续优化更新。

教育资源应用的主要场景是教学，包括课堂教学、实验室教学、实训教学等，在教学场景中，应用数字化教育资源是教育变革的重要途径和方式。特别是在新型冠状病毒感染疫情防控过程中，诸如网络课程、网络直播教学、学生自主学习、空中课堂等在线教学方式，一方面加快了教育资源数字化改革的进程，另一方面有助于开发在线教学、协作学习、适应性学习等新的教学方式。以利用虚拟现实（VR）技术开展慕课为例，医学院的学生在上人体解剖课时，戴上 VR 眼镜，屏幕上的"大心脏"顿时立体起来，好像悬浮在空中；可以 360° 旋转、自由放大缩小、沿着平面"解剖"，在操作笔的指引下，这些功能可以轻松实现。支持 VR 眼镜的桌面式 VR 一体机设备有 4 个摄像头和陀螺仪，可以实现操作笔和眼镜的高精度跟踪，同时还支持数字内容虚拟拍摄，并通过直播平台满足医学院学生线上自主学习、在线研讨的需求。再以视频形式的数字化教育资源为例，商务英语专业的学生在学习跨文化交际慕课时，老师常常不是出传统试题，而大多是给学生一个项目，让学生自己设计实际环境，自己扮演一个角色。每学完一个部分，要以这个角色的身份展示学习成果，用视频形式反馈给老师。比如其中一个角色是企业工作人员，要向来华客户介绍故宫。为完成这个任务，课程会提供大量素材，如故宫纪录片，并引入将文化元素具体化的模型，帮助学生通过实践环节巩固理论知识并加深理解。

二、用互联网思维共建共享数字化教育资源

互联网思维，就是在（移动）互联网＋、大数据、云计算等科技不断发展的背景下，对市场、用户、产品、企业价值链乃至对整个商业生态进行重新审视的思考方式。

开放性和共享性是互联网思维的显著特征。2019 年发布的《中国教育现

代化 2035》提出"建立数字教育资源共建共享机制",这就要求运用开放、共享的互联网思维。互联网思维不仅是满足师生对高质量、多样化、个性化、数字化教育资源日益增长的需求的有力手段,也是解决我国数字化教育资源供给中资源重复建设、资源配置不均、资源配置机制不完善等诸多问题的必然选择。

运用互联网思维共建共享数字教育资源,可以从以下几个方面入手。

一是共同搭建合作、交流、共享平台。各学校要根据自身特点并分析利用现有教育资源,共同构建教育资源基础数据库,以及建立一个可以实现校际网络合作、交流、共享的平台。在这些平台上,可以进行校际信息交流、各校特色交流,以及校长、教师和学生,乃至社会与学校、企业与学校的交流,从而助力实现教育资源基础数据库的数字化建设。

二是建设各级各类优质的可以整合、共享的数字化教育资源。各校通过合作、交流、共享平台,搭建主题学习网站、展示教学视频、开设在线课堂,实现教学计划、教学实例、教学体验、课件、学生学习体验等资源的共享。

三是积极开展基于互联网的校际合作。这方面主要包括四个环节:第一,在校际合作、交流、共享平台上,各院校要开展不同院系、不同学科的教研活动,教研活动中可以设置和设计课堂评价、教师交流、学生交流、师生交流,以及教学计划、讲课、听课等模块。在平台上教师还可以在学期中、学期末进行联合调研和测试,以清楚地了解自己的实际教学情况,看到其中的成绩和不足,明确未来的教学方向。第二,教师可以在平台上发布开展教研活动的通知、公告,查阅新闻、管理学籍、以电子方式备课、发表评论以及建立在线心理咨询站。第三,通过平台开展实验性合作研究。根据既定实验计划,教师指导学生的实验小组进行探索和研究,比如让学生制作电子作品并将其发布在平台上,以便进行合作、交流和评估。教师也可以与学生讨论和交流,合作学习。第四,各学校联合聘请教育专家和知名教师作讲座、示范课程,并通过校际平台实时或按需向全体师生展示。在这个过程中,大家可以交流经验,一方面可以大大降低培训成本,另一方面可以充分发挥各学校骨干教师的示范作用,促进本地区教师素质的共同提高。

第七章　互联网教育资源建设之信息化实践研究

互联网教育资源信息化建设的首要任务是教育信息化，而教育信息化则是一项需要长期建设与维护的系统工程。信息技术尤其是计算机网络技术的发展，为互联网教育资源信息化建设提供了必要的发展条件。充分利用计算机、多媒体及网络通信等现代化信息技术，对于加快互联网教育资源信息化建设进程具有决定性意义。为此，本章分析了教育信息化和教育资源信息化的内涵及实践，讨论了我国教育资源信息化建设现状与完善策略，以助力教育信息化进程。

第一节 教育信息化和教育资源信息化

开展互联网教育资源信息化建设，首先应该了解两个重要的基本概念，即教育信息化和教育资源信息化。这是两个含义不同的概念，厘清二者的区别，把握二者不同的内涵要义和适用范围，对于学校的信息化管理、教师的信息化教学、学生的信息化素养提升不无裨益。

一、什么是教育信息化？

"信息化"概念是由日本学者梅棹忠夫于1963年在《信息产业论》一书中提出来的，书中描绘了"信息革命"和"信息化社会"的前景。而后这一概念被译成英文传播到西方。我国对"信息化"概念较为正式的界定，可参考中共中央办公厅、国务院办公厅印发《2006—2020年国家信息化发展战略》中的叙述："信息化是充分利用信息技术，开发利用信息资源，促进信息交流和知识共享，提高经济增长质量，推动经济社会发展转型的历史进程。"

信息化的目的是"推动经济社会发展转型"，而教育在这个"发展转型"过程中将发挥至关重要的作用。因此，教育必须率先至少是同步实现信息化。

教育信息化包括两个层面的含义：一是把提高信息素养纳入教育目标，培养适应信息社会的人才；二是把信息技术手段有效应用于教学管理与科研，注重教育信息资源的开发和利用。[①]

---

① 苏霞.网络教学在学生顶岗实习教学中的优势探讨[J].河北青年管理干部学院学报，2016(1)：57-59.

第一层含义"把提高信息素养纳入教育目标,培养适应信息社会的人才",这句话主要是针对学生的,就是将学生的信息素养纳入学生综合素质评价体系,以此来培养适应信息社会的人才。

第二层含义"把信息技术手段有效应用于教学管理与科研,注重教育信息资源的开发和利用",这句话主要是针对教师的,就是要求教师在教育教学过程中尽可能地全面运用以计算机、多媒体、大数据、人工智能和网络通信为基础的现代信息技术,促进教育改革,从而适应正在到来的信息化社会对教育提出的新要求。事实上,所谓教学信息化,就是要使教师的教学手段科技化、教育传播信息化、教学方式现代化。

从上述含义可以看出,教育信息化既具有技术的属性,又具有教育的属性。

从技术属性看,教育需要借助技术手段进行数字化、网络化、智能化和多媒体化建设,这"四化"构成了教育信息化的技术特征。从这"四化"来理解教育信息化的技术特征,就是数字化可以让教育信息技术系统的设备简单、性能可靠和标准统一;网络化可以让教育资源的信息可共享、活动突破时空限制、人际合作更容易;智能化可以让教育教学行为更人性化,也能够更智能地执行教育教学任务;多媒体化可以让承载教育教学信息的媒体设备实现一体化,以及将现实中的复杂现象虚拟化。

从教育属性看,教育需要以开放性、共享性、交互性与协作性的姿态和做法来育人,这"四性"构成了教育信息化的教育特征。从这"四性"来理解教育信息化的教育特征,就是开放性重构了传统的以学校教育为中心的教育体系,将教育变成社会教育、终生教育、自主教育;共享性是教育信息化的本质特征,它使得教育资源能为全体学习者所共享,且大量丰富的教育资源是取之不尽、用之不竭的;交互性体现为人机交互和人人交互,它促进了教师与学生、学生与学生、学生与其他人之间的多向交流；协作性为施教者和受教者提供了更多的协作完成任务的机会，这个协作的过程体现在人与人、人与机的协作上。

在了解了教育信息化概念的出现以及概念的含义、属性特征等内涵的基础上，我们还需要了解教育信息化这一概念的外延，也就是它的应用或者说适用范围。教育信息化最为核心的应用就是教学，准确地说是教学信息化。

教学信息化从根本上改变了传统的教学模式，其在信息的传递、质量、成本及交流等几个方面都具有极大优势。在信息化的课堂教学形式中，网络教学是当下最受欢迎的形式，教学信息化的信息传递优势在网络教学中体现得淋漓尽致，其高速度的信息传递功能大大节约了信息传导成本。信息质量优势最集中的表现就是教师制作的课件。课件是辅助类教学软件，是对各知识点的相对完整的解答。质量低下的信息将会误导他人，因此课件必须确保所输出的知识点的信息质量。信息的成本在教学实践中不容忽视，因为学生对于教育资源的选择会受到获取信息成本的影响。因此，教师输出的资源要便于学生选择和学习，使学生在学校或家中都可以利用在线教学平台，按照相关专业的教学安排，根据自身的学习特点和工作、生活环境，进行自主学习。低成本的信息输出，可以让学生实现"到课不到堂"的学习。信息的交流优势主要体现在交互式教学过程中，学生可以通过网上教学平台随时点播和下载网上教学资源，并利用网上交互功能与教师或其他学生进行交流，教师也可以通过网上教学平台对学生给予指导。这种通过双向视频等系统进行远程教与学的方式，已经成为教学信息化的重要形式，也是教育信息化的有效途径之一。

二、什么是教育资源信息化？

关于教育资源，本书在前言部分就说过，它指的是蕴含大量教育信息并能创造出教育价值的各类资源，特别是那些在互联网上以数字信号的形式进行传递的教育信息，也就是互联网教育资源。

所谓教育资源信息化，就是对那些蕴含大量教育信息并能创造出教育价值的各类资源，如教案、教材、素材以及各种教学数据等进行信息化处理。教育资源的信息化处理过程，就是利用各种新技术分析、处理并传播教育资源的过程。

对教育资源进行信息化处理，新技术手段将发挥重要作用。比如，学校要完成网络接入，并确保运行稳定；硬件条件主要是配备计算机并实时维护检修；要构建信息化教学资源库，并确立资源库的数据标准、入库机制及服务机制；搭建信息化教学资源应用服务平台；资源管理方面也需要技术支持，要通过技术手段统筹、规划和提高信息化教育资源的数量和质量，以及建立健全教育资源信息化建设的长效机制和激励机制等。

对信息化的教育资源的合理利用，意味着政府和学校要重新分配信息化教育资源，实现信息化教育资源的合理配置，一线教学也要努力形成新的教学模式和成果。两个层面当中，一线教学领域是教育资源信息化的第一实践场所，目前已经创新形成了在线课堂、多媒体教学、翻转课堂、慕课等教学模式，取得了很好的效果。

在线课堂在信息化教学中表现比较突出。它是在互联网上构建的一个实时在线交互系统，利用网络实时传送视频、声音、图像进行交流，用户可通过系统看到这些教学资源，同时也可以发表文字、语音会话等，其效果与现场开设的课堂一样。

多媒体教学就是"以多种媒体信息作用于学生，形成合理的教学过程结构，达到最优化的教学效果"。①在多媒体教学模式下，教师可以使用学校配备的多媒体教学设备进行课件显示、视频播放等操作。该方法利用多媒体设备的优势，具有图文并茂、资源丰富的特点，能让学习的人直观感受到所学习的内容。这种方法在信息教学中深受教师的喜爱。

在传统的教学模式下，教师是教学的主体，一门课程的教学内容、教学进度和教学评价由教师决定。而翻转课堂这种模式则把主动权交给学生，教师在课前将教学重点和难点制作成PPT或短视频，对教学的核心内容进行精讲，学生在课前提前预习教学内容，观看教师讲解视频，在课堂上教师就不再专门讲解这些教学内容了，学生在课下也可以利用网络进行讨论或者和教师进行交流。

慕课是一种大规模的在线教学模式。其整合了多种社交网络工具和多种形式的数字化资源，并且没有地域和时间限制，教师和学生可以来自世界各地，受众面广，参与的人数也比较多，可以达到十几万甚至上百万人。慕课强调兴趣导向和自主学习，愿意学习的都可以参与进来，有助于培养学习者较强的自主学习能力。

上述这些教学模式丰富了一线教学实践，提高了教师的教学水平和质量，培养了学生的综合素质和能力，极大地促进了教育教学信息化的发展。

---

① 曹胜利.基于高中生物教学与多媒体技术的整合思考［J］.软件:教育现代化（电子版）,2015(8):1.

第二节 我国教育资源信息化建设现状与完善策略

我国的教育信息化与教育资源信息化建设已经取得了不小的发展与进步，但在教育资源信息化建设整体发展过程中，仍存在一些问题和不足，这就需要我们对当下的教育信息化与教育资源信息化建设进行更深一步的研究与探索，以期有助于我国信息化教育事业的发展。

一、我国教育资源信息化建设现状分析

我国在教育资源信息化建设中取得了一定成绩，比如一线教学方面的创新形成了许多新的教学模式与教学理念，课程体系设置更为合理，教学内容更为精深，拥有专业学科的教师骨干精英，拥有良好的教学条件和科学的教学管理等，但目前仍存在一些问题和不足。

一是教育资源分配不均。教育资源分配不均主要指的是校舍面积的多少、师资力量是否均衡，以及是否有体育场、实验室、图书馆、微机室、语音室等。具体表现在东西部地区差异、城乡差距、重点学校和薄弱学校间的差距。东西部地区差异主要是教育资源更多分配在东部经济较为发达的地区，而忽略了西部经济较为落后的地区；城乡差距主要是城市有更多的教育资源，而农村的教育资源相对不多；重点学校和薄弱学校间的差距主要是重点学校实力雄厚，在教育资源上投入较多，而薄弱学校教育资源投入不足。教育资源配置的不均不仅严重影响了构建和谐社会的价值取向，也会加剧社会两极分化。

二是优质教育资源短缺。优质教育资源短缺可以说是当今中国的第一短缺，是教育资源信息化建设面临的关键问题。优质教育资源的数量与质量远远不够，实际可用的资源不多，不能满足当下的教学和学习的需求，很多新学科和冷门学科的资源难以找到。

三是软硬件投入不对应。目前教育资源数量庞大，这导致出现了一些问题，其中比较突出的问题就是因多媒体软件投入缺失而使教育资源应用受限。多媒体软件与教育硬件是相辅相成、不可分割的关系，如果只重视硬件投资而无教育资源软件可用，就会使硬件设备形同虚设；如果只重视软件投资而无教育硬件设施，那么教育资源的作用也不会被充分地发挥出来。

四是资源建设缺乏针对性。事实上，优质教学资源的需求本来就是多层次的，教师想到一些与教学、备课相关的资源，而学生也希望得到更全面、丰富的学习资源。但目前教学资源建设的设计对象不能满足用户的多元化需求。现阶段的教育教学资源大多是以教师为主的，素材、教案及试题的设计与开发多数是从教师教学的角度进行的，而学生的主动性和主体性被忽略。

二、我国教育资源信息化建设的完善策略

对于我国教育资源信息化建设进程存在的问题和不足，除了政府要合理配置教育资源、全社会尤其是学校要加强优质教育资源建设和增加软件投入，以及要全力建设适于师生乃至学校的教育资源外，还要积极采取以下措施予以完善。

一是加大投入。教育资源建设的信息化程度已经成为衡量我国教育改革成功的一个重要标准。只有加强对信息教育硬件的投入，实现资源共享的目的，才能为教育的发展提供可靠的基础。同时，要切实营造均衡的教育环境，

完善教育经费监督体系，努力实施教育投资和改革的工作。

二是培养人才。目前，我国在现代设备的使用和维护方面的相关师资严重短缺，造成了农村或经济欠发达地区学校虽有设备和技术但不能使用的现象。一些城市的设备和资源维护不善。现代教育人才匮乏对我国教育资源信息化建设产生了重大影响。因此，要加强信息教育专业人才的培养，促进现代远程教育发展，拓宽基础教育服务方式和渠道。

三是健全评价机制。对各种学校教育资源开展定期评价和实时监测，充分发挥评价机制在学校教育信息化建设中的引导作用，促进学校教育资源建设的发展和进步。只有建立统一、规范的教育资源信息化评价机制，才能为教育资源建设的发展创造良好环境。

三、互联网时代教育资源信息化建设的产业发展建议

教育资源信息化以数字化、网络化、智能化、多媒体化为特征，是教育行业发展的热点方向。在互联网时代，教育资源信息化产业的发展，少不了电信运营商、技术服务商、内容服务商和信息化产品受众等产业链各方的参与。那么，有没有一套成功的模式可以让产业链各方参与其中？回答：有的！在实践中，各参与主体普遍关注的参与模式具体如下。

一是搭建平台。互联网时代的巨头公司如百度、阿里巴巴、腾讯和今日头条、美团，它们的优势就在于搭建平台，即基于电信运营商提供的通信服务搭建的网络平台。现在平台间对优质内容的争夺日趋激烈，而内容服务商领域的中小创业者的机会就在内容领域。以传统内容收费或广告收费的模式相对落后，成本较高且毛利较低，目前相对较好的盈利模式是平台分成模式。因此，搭建一个内容丰富的平台，对于巨头、中小创业者乃至平台方面的技

术服务商来说，可以实现互利共赢。

二是品牌营销。互联网时代的品牌营销渠道与方式，是通过新媒体等多种渠道进行广告传播的，或通过开展公益活动提升学生和家长的认知度，提升品牌价值。尤其针对作为信息化产品受众的学生家长，要提升他们对信息技术的接受度和对互联网教育的认知。

三是大数据精准营销。这种参与模式主要适用于内容服务商。大数据精准营销就是通过大数据分析了解目标学生的特征和喜好，提供与各类型学生年龄特点、个性、学习进度相应的个性化内容。大数据精准营销需要数据，数据来源于云平台，可以通过云平台收集学生学习的行为数据和结果数据，在数据累积到一定量时可以形成学生个人的数据中心，然后借助智能诊断、智能推送技术系统等，帮助学生精确定位学习问题之所在，同时也能够帮助教师进行有针对性的辅导。

四是留粉策略。留粉，是移动互联网时代下粉丝经济领域的用户增长策略之一。有人甚至提出了"'粉'营销"的理念，它不仅是一种概念和口号，更是一种实实在在的战术和玩法。在移动互联网时代，利用微博、微信、论坛等社会化营销手段预算近乎零的特点，通过社交巨头搭建的平台"黏"住学生及家长，让学生和家长产生依赖性，是一个具有实战意义的方式。

第八章　互联网教育资源建设之平台化实践研究

教育资源平台化是互联网教育资源建设的最直接体现，加快推进互联网教育资源建设平台化，既有助于信息资源和信息技术实现多维度、多领域的协同创新发展，又可以缩小城乡教育资源的差距，大力促进教育公平。为此，互联网教育资源平台化建设要遵循平台共建共享原则，确定平台化建设目标，明确平台化建设内容，同时也要注重发挥教育 App 这一共享平台应用终端的优势与功能。

第一节　教育资源平台化的建设原则与建设目标

遵循共建共享原则和确定平台建设目标是教育资源平台化建设必不可少的环节。共建共享是教育资源平台化建设的核心思想，没有共建共享，教育资源平台建设原则等于没有底线；平台建设目标是教育资源平台化建设的工作导向，没有教育资源平台建设目标等于没有方向。这是经过实践检验的成功经验。

一、教育资源平台化的建设原则

通过教育资源平台的共建共享，可以缩小城乡教育资源的差距，大力促进教育公平。因此，共建共享是教育资源平台化建设的核心思想，互联网教育资源平台化建设必须遵循共建共享原则。

经验表明，科学的共建模式和有效的评审机制尤为重要。科学的共建模式和有效的资源评审机制，对于提高结果的科学性和权威性并规范资源建设行为具有重要作用。至于实务中用何种方式进行评价，不妨采取专家评价与用户评价相结合的方式，为此可以成立资源评委会，其成员由学科教学专家、教育技术专家、信息技术人员等共同组成，用户也可以加入其中参与评价活动，以便得出客观的评价结果，进而用于后续实践的指导。

资源共享模式则可采用集中式和分布式，这也是目前国内教育资源中心大多采用的方式。集中式指资源集中存放在中心，统一由中心分配权限管理；分布式指资源分布存放在各个节点（比如学校、老师、学生），由各节点自行管理并定期向其他节点推送。集中式的优点是投资较少，管理投入少。分布式的优点在于本地资源可以就近访问，一个节点受损，不影响其他节点使用，并且每个节点压力小于中心端，速度较快。

教育资源平台建设也可以建成这样的教育资源中心，并采用集中式和分布式两种共享模式。不过要考虑到集中式的管理成本和建设的时间成本，也要考虑到分布式的节点网速问题，以及使用期限可能会受限于中心网站。事实上，这些可能存在的问题还是有办法解决的。

比如，对于集中式的管理问题，建议采取集中管理模式，同时留有扩展功能，实现部分有条件的节点可以分布管理自有资源。集中管理模式的优势在于，虽然资源集中存放，但每个节点可自行设置自有空间，这样方便各节点管理自己的资源，然后通过审核机制将节点资源推荐到中心进行管理，进而共享。比如，教师可以将资源上传到学校，由学校审核员审核资源，审核通过后传至教育资源中心，教育资源中心审核员通过后则可将其共享给所有节点使用。这应该是集中管理模式中的一套非常可行的资源审核机制。

当然，还可以有针对性地引入资源建设的绩效考评机制来解决集中式和分布式两种共享方式中存在的问题。绩效考评机制可以为用户提供多种形式的应用评价与反馈功能，通过读取用户对资源的访问量、评价度和打分情况，系统就会自动对这些信息进行处理，在归类与整理后，根据资源应用情况自动对资源进行分级、筛选与推荐。从效果上说，绩效考评机制能够对资源建设机构形成有效的激励，提高建设者包括机构和个人的参与意识和积极性，进而提升资源质量；同时，在绩效考评机制下，用户能够更方便快捷地找到合适的资源，进而提高资源的利用率。

二、教育资源平台化的建设目标

教育资源平台应该集教育资源建设、管理、教学评价、信息发布、行政管理、教学应用为一体，实现办公自动化、档案管理网络化、沟通环境实时交互化、对外信息交流公开化。因此，教育资源平台化的建设目标应包括功能、资源、环境三个主要方面。

一是平台功能建设目标。要提供一个具有灵活查询和浏览资源的功能，可以直接支持教师在线编写教案，以促进网络教学资源在日常教学中的实际应用；还需要建立丰富的、科学严谨的、体现教改精神的优秀试题资源和试题资源管理、测评系统，使学科教师能够快速选题、编辑并输出试卷，它还应具有在线测评的功能，可以完善本区域的考评测试体系。通过多功能平台，教师、学生可以根据自己的个性需求，浏览、查询、下载和上传教学资源，实现师师、师生和生生之间的交流互动，同时也能够实现校际交流。

二是平台资源建设目标。多媒体教学资源的建设，必须使资源具有普及性。为此，学校要积极组织学科教师，共同设计和研发既具有鲜明特色的、同时又符合国家建设规范的质量高、效果好的数字化教学资源，项目上可以包括但不限于设计库、课件库、课例库、教学素材库、名师库、试题库、论文库、案例库等，因为这些项目都具有很好的普及性，且共享效果可期。

在这里有必要说一下准入平台的教育资源应该满足的且平台搭建者必须把握的几个标准，即规范化、专业化、系统化、实用化、多样化、持续化。规范化强调资源内容要依据政策性文件来选择；专业化强调资源内容应具备行业导向性、教学权威性，符合课程改革的各项要求；系统化要求内容全面系统，覆盖所有年级学科；实用化要求贴近教学，能激发学生的学习兴趣，掌握学习的重点、难点，能构建探究环境，体现学生自主参与过程；多样化

163

应包括教师所需要的文字、图片、声音、动画、视频等素材类资源和教案、课件、试题库、教育论文、网络课程等整合类资源；持续化要求具备动态更新功能，以满足广大师生不断发展的需要。

三是平台环境建设目标。平台环境建设目标是要建设信息化的教学资源环境，并及时充实和更新教学资源。这方面要重点关注可以远程控制与管理的数字化、智能化多媒体教学环境的建设，因为只有建成这样的平台环境，才有助于提高课堂教学的信息化水平，有助于全面实现网络化教学、智能化教学和数字化教学。

第二节　教育资源平台化建设内容

本节讨论教育资源平台化建设的内容，针对的是高中、初中、小学、幼儿园、职业技术教育的全学段和全学科，因此其内容建设应该包括这些学段和学科，并且都要涉及教学课件、教学设计、教学素材、教学课例、试题资源库等项，而且每一项的具体内容都有各自的要求。同时，为了防止他人使用软件爬取文档，可以给教学课件、教学设计、教学素材、教学课例、试题资源库等逐项加入版权声明，这样并不会影响对教育资源的使用，使用时把此页删除即可。下面分别来看看。

一、教学课件：涵盖教学全学段、全学科

教学课件的要求是涵盖教学全学段、全学科。全学段指的是高中、初中、小学、幼儿园、职业技术教育等各个学段；全学科指的是每个学段所学习的学科，比如，高中学段有语文、数学、英语、物理、化学、生物、地理、历史、政治、体育等学科；小学学段有语文、数学、英语（三年级及以上）、道德与法治、科学、体育、艺术（音乐和美术）、健康、信息技术、综合实践等学科。

教学课件的主要内容是用电脑、投影仪或者电子白板等工具放映与本课相关的教学资料，如图片、文字、音频、视频等，甚至展示一些练习题、试卷、参考图书和相关案例及各科各章节的知识点等供学生观看。承载这些内容的载体形式主要包括PPT幻灯片课件、WORD、PDF、FLA、网页等。

需要说明的是，幼儿园阶段是以游戏为基本活动的时期，所以幼儿园的教学课件内容主要是围绕游戏展开的，包括活动名称、活动目标、活动准备、活动过程及教案等。

二、教学设计：涵盖教学全学段、全学科

教学设计的要求是涵盖高中、初中、小学、幼儿园、职业技术教育等全学段，以及每个学段所学习的各个学科。

教学设计是根据课标、教学内容、教学对象而设计的教学文本，它是课堂教学的蓝本。教学设计是为提升课堂教学的质量服务的。一般包括教学目标、教学重难点、教学方法、教学步骤与时间分配等环节。目的是要把教学原理转化为教学材料和教学活动，提高学习者获得知识、技能的效率和兴趣。

在方法上，教学设计要突出重点环节，确保实用高效。首先要确定学习需要和学习目标；然后根据学习目标，进一步确定通过哪些具体的教学内容提升学习者的知识与技能；接着是为了实现目标应采用什么策略；最后是对教学的效果进行全面的评价，旨在促进学生学习，获得成功的教学。具体操作上要把握以下四个重点环节。

一是目标设计。目标设计是课堂教学的关键。目标设计必须在了解学习情况、课程标准、学习材料和掌握程度的前提下进行。目标设计通常可以设计为知识目标、能力目标和情感目标。知识目标必须准确、详细、清晰、难度适中且具有可操作性；能力目标是指培养学生可持续发展的学习能力需要，包括各种能力的提升和创新意识的培养；情感目标包括教学的人性化、学生情感的调动和各种行为习惯的培养。

二是教学过程设计。教学过程设计是教学设计的主体，包括课堂学习的

导入、教师精讲、师生互动、课堂练习等。在这个环节应注意详略得当,清楚主要内容就可以了。

三是重点、难点、考点的设计。在课堂教学活动中,我们必须掌握重点、难点、考点,因此在教学设计中,应尽可能准确地进行设计,学该学的,坚决不学不该学的,真正让学生减负提质。

四是教具、学具的设计。教具和学具通常用于活动课和实验课,因此教师根据课堂需要有则准备教具、学具,无则没必要进行这方面的教学设计。

三、教学素材:涵盖教学全学段、全学科

教学素材的要求是涵盖高中、初中、小学、幼儿园、职业技术教育等全学段,以及每个学段所学习的各个学科。

教学素材也称教学材料,是教学内容的各种形式的载体,具体包括教科书、课程标准、教学参考资料、教学图片、模型、投影片、幻灯片、电影、VCD、录音带、电脑软件等。在课堂教学中,教科书可谓第一素材。

课堂教学素材来自生活的方方面面,其表现的形式多种多样,大致可分为文字素材、图表素材、音视频素材和活动素材。其中,文字素材是指以文字形式呈现出来的教学素材;图表素材是指以漫画、图片、表格等形式呈现出来的教学素材;音视频素材是指借助声音、影像表现出来的教学素材;活动素材是指教师在课堂教学中安排的情景表演、社会实践的再现、游戏等活动。

在教学中运用的教学素材以不同的形式包装,不同的方式呈现,会产生显著的不同的效果。如教科书中的历史和用新闻短片的方式呈现的历史,其学习效果是不同的。所以,应该根据教学目标,学会恰当选择、处理教学素

材，这是对教师教学能力的基本要求，也是成功教学的先决条件。

四、教学课例：教师的教学资源，学生的学习资源

教学课例是课堂教学实录或课堂教学纪实，它是真实记录教师课堂教学全过程的一种实用文体。其主要包括教师的教学资源和学生的学习资源。

各个学校在每一学期都应定时向平台推荐上报各学科优秀教师的活动课堂的教学实录，这些活动课堂一般有引路课、示范课、开放课等。教学实录经平台管理员编辑、整理后，再择优按年级、学科分类上传至教育资源库，为各校各学科的教师培训、学习、交流提供优质教学资源，也为学生学习搭载最优质的学习资源。在实务中，要力争每个学年段、每个学科、每节课都有对应的教学实录文件，这些文件可以是视频，也可以是其他能够展示的形式。

教学课例也是教师研究课堂、改进教学、促进专业发展的最佳载体之一，因为通过教学课例可以对该节课进行分析与反思。因此在上传至教育资源库的教学课例中，最好有课堂中的教学案例、教师的教学随笔、学生的学习心得，这些都是很有价值的。

教学案例是对真实课堂教学情境的客观描述，在情境描述过程中，一些问题中可能已经包括了解决这些问题的思路甚至是方法，因而教学案例对问题本身的解决具有一定的启发性。案例必须详细描述一个具体的教学情节，一个已经发生的事实，为学习者提供背景、人物、场合、起因、过程和结果等信息。具备这些因素的教学案例会引起学习者的思考。当然学习者在主观上也应该有这样的意愿，就是在呈现具体的问题情境时，应该探讨问题产生的原因和影响，并进行一些分析和反思。教学案例之所以要有这部分内容，

目的就是要引发学习者进行思考，这对学习者来说无疑是有益的。

教学随笔是教师对自己积累的教学经验和教学理念的回顾、整理、提炼、总结和推广。作为在教学实践中教师对教学现象的一种思考和研究，教学随笔必须有感而发，有真情实感，形式上可以不拘一格。教学随笔要具有一定的思想性和情感性，这一点非常重要，因为只有这样，才能触动心灵、引发思考。

学生书写学习心得不仅可以增强其写作能力、逻辑思维能力，更加注重细节，而且通过分享，可以展示自己的学习经验，帮助其他学习者获得对所学知识的进一步理解和记忆。

五、试题资源库：以考查学生能力、素质为目的

试题资源库是按照不同的学科门类及其内在联系，将不同的试题分门别类地汇集起来，为特定学科知识和技能测试提供备选试题的一种系统资源。正如本书前面所说，完整意义上的试题库，必须具备对试题的自动校正、删除、修改、查询、组卷、批量录入、统计、分析等功能。

试题资源库还应该具有明确的目标指向。所谓明确的目标指向，就是试题资源库要从素质教育出发，以考查学生能力、素质为目的。通过试题资源库，可以正确引导学生认真、全面地学习课程内容，系统地掌握基本理论、基础知识、基本技能，培养和提高学生分析问题、解决问题的能力，树立良好的学风。

构建试题资源库必须达到一定的要求，具体有这样几点：第一，凡教学都有目标，凡课程都有标准要求，试题资源库应体现既定的教学目标和既定的课程标准要求；第二，试题应能够检测出学生运用所学知识、理论、技能解决实际问题的能力，也就是要体现全面检测的原则；第三，试题资源库不

应该只有一个而应该有多个，因此各试题资源库之间彼此独立，以避免相互参考；第四，试题的表述应准确，这是第一位的，同时也要注意简明，表述反复拖拉则极易误导解题思路；第五，每道试题都要有参考答案，参考答案要注意让学习者能够回归课本，以达到复习、巩固知识的目的。

第三节 教育 App 成流行教育资源共享平台

教育 App 作为教育资源共享平台终端，对教师的教育服务和学生的学习进步都有着巨大的作用。教育 App 是互联网教育资源平台化建设的重要实践，因此我们有必要了解教育 App 的优势、教育 App 的常用功能，以及教育 App 开发过程中涉及的知识点，这样才能更好地满足用户的需求。

一、教育 App 的优势

教育 App 让学习更方便已经是未来的一个发展趋势，它能够让很多人利用碎片时间进行学习。那么教育 App 到底有哪些优势呢？

一是教学与学习方法多元化。教育 App 改变了传统的教学与学习方式，其最显著的特点是能为用户提供多元化的教学和学习方式；同时，教育 App 可以根据用户的资料下载、视频观看、答题对错及登录次数等操作行为，制订专业高效的终端教育方案。利用教育 App 这种新型的学习工具，学生可以通过在线视频、知识分享交流等功能达到学习的目的，学习不再是看书和在纸上做题这么枯燥的事情，教育 App 有利于学生更轻松地理解书本内容，提高学习质量；教师不但可以及时地了解学生的学习效果，而且可以很方便地上传自己的教学成果进行共享。

二是便于合理利用碎片时间。教育 App 不受时间、地点等方面的限制，对于没有时间参加课外培训班，或者只有某一部分不懂不需要听全部的学生来说，都可以根据自己的情况制订学习计划，利用课余时间补己之短，从而避免了时间的浪费和不必要的重复。

三是降低教育成本。新型冠状病毒感染疫情之下，线上教学如火如荼，为教育培训行业提供了发展机会，但也间接促进了教育培训行业的竞争，在竞争如此激烈的背景下，教育培训行业的获客成本也在不断上涨。在这种情况下，教育 App 通过精准的投放、营销裂变、自建流量池等方式，不仅可以节省宣传、人力、场地、教育设备添置等各方面费用的支出，还能拓宽产品推广渠道，更好地帮助教育培训企业推广教育产品，从而最大限度地节约成本。

四是教育以外的优势。除了教育、教学和学习方面的优势外，教育 App 还有许多优势。比如对于软件开发商来说，教育 App 开发完成后，相当于为自身提供了最佳的资源平台，拥有便于共享的教育资源，而大量用户使用平台也相当于拥有了流量，从而可以吸引相关领域的广告商入驻，实现最快捷、便利的营收。

二、教育 App 的常用功能

教育 App 现在很受老师、学生的欢迎，也给许多人带来了学习的便捷体验，很多教育培训企业借助移动互联网的发展趋势开发了教育 App。那么在教育 App 开发的过程中应设计哪些功能？

一是展示课程的功能。可以展示每一个学习课程形成，包括 WORD、PPT、视频等形式，用户可以点击进入，了解每一个课程的详细情况。

二是展示在线教学视频的功能。教学视频的在线展示给用户带来极大便利。因为教育 App 可以上传视频教程的信息，有着大量的在线教学视频资源，所以用户只要能够上网，比如通过连接 Wi-Fi，就可以在线观看这些教学视频资源。这样一来，就不用下载到网盘或硬盘，也不用再去查找各种适配视频格式的播放器来播放教学视频了。

三是展示线上课件的功能。有了在线教学视频，学习课件自然也就不会少。用户在线上看完教学视频后，还可以下载教育 App 上展示的线上课件。下载的课件可以随时查看，只要拿出手机点开教育 App 应用软件，就可以回顾上次学习的内容，温故而知新。

四是在线交流的功能。交流是教育教学过程中必不可少的一项活动，教育 App 的在线交流功能可以使教育 App 客户端的用户在线上交流互动，分享学习心得，也可以上传学习资料，与其他用户共享最新学习资讯，还可以评价所学过的课程等。

五是预约上课的功能。教育 App 预约上课的功能，就是在线上预约教师上课。教师上课一般有两种方式，一是在线视频教学，二是预约上门教学。另外，有些火爆的课程需要提前报名预约，教育 App 也可以实现这个功能。

六是学习效果分享的功能。分享是教育 App 必备的基本功能。学习者在教育 App 上学习的过程中，一般会得到一些指导和计划外的新的学习机会，但学习效果究竟如何学习者自己未必一定清楚。学习者可以在教育 App 上分享自己当前的学习情况及已经取得的成效，以便后续的精进。而学习者在与其他教育 App 用户进行分享的同时，也会扩大教育 App 的影响力和品牌效益。

七是在线咨询的功能。在线咨询是教育 App 必备的基本功能。用户通过在线咨询相关课程的老师，可以了解到课程的内容、价格、效果等各方面的信息。

八是在线考试的功能。新型冠状病毒感染疫情防控期间在线教学大兴，但在线学习的人数众多，给考试系统带来了巨大挑战。教育 App 的在线考试功能的设置可以有效地解决这个问题，学生可以通过在线答题的方式，实现线上模拟考试和真实考试，其中的真实考试成绩是可以计入升学分数的（其他的如企业招聘、公务员考试等，真实考试的成绩也是有效的）。

九是学生信息管理的功能。教育 App 其实有很多种，如培训类、学习工具类、平台类、教学管理类、家校沟通类等。设置了学生信息管理功能的教育 App，一般指的是教学管理类 App。这一类教育 App 需要后台提供一个诸如浏览轨迹、网址过滤及时间等在内的学生的详细信息管理系统。

十是职能岗位介绍的功能。这个功能主要是对线上的教师职能岗位进行介绍，使用户了解这个教师的实力，同时也能增加用户对教育 App 的信任度。有职能岗位介绍功能的教育 App 除了在学校方面的应用外，企业也可以通过它来展示企业培训雄厚的师资力量，让用户认识到企业的专业性，放心地选择该企业的教育培训。

三、教育 App 开发过程中涉及的注意事项

教育 App 开发有很多难点，这里面不仅有技术性难点，还有它本身应该承载的知识难点。究竟如何开发？开发者一定要了解教育 App 开发四个注意事项。这四个注意事项必须在开发前了解，这样才能把开发工作做好，同时也能防患于未然。

一是加入更多的互动功能。相对于线下的面对面授课学习，线上学习在互动性上自然会有所减弱，所以教育 App 在开发时应基于完善功能需要增加投入，以推出多种多样的互动功能和流畅的教学互动体验，让教学和学习变得生动且立体，呈现多元化的互动模式体验。

二是加入付费问答功能模块。随着用户量的不断攀升，教育 App 开发过

程中最好加入付费问答功能模块，这样可以沿着教培产品的整体逻辑实现知识付费变现。如某些用户主动提出一对一补课的要求，通过付费问答功能，既可以满足学生的需求，同时还可以让讲师获得额外的收入。

三是按用户需求提供内容。每个人在不同的年龄阶段都会有不同的学习需求，所以教育App开发时最好加入简单的信息录入系统，多了解用户的个人信息，如受教育经历、性别、生活方式、学习喜好等，锁定目标用户之后再精确投递，提供优质且适合用户的学习内容。

四是打造优质品牌口碑。要想在App市场里被用户坚定地选择其实并不容易，所以一款教育App成为快消品的概率大小将最终取决于其是否能打造出优质的品牌，是否能通过口碑效应提高用户黏性，是否能杜绝简单的教学资源移植而主打教学质量和内容。只有能打造优质品牌口碑的教育App，才能赢得忠实的用户群体。

第九章　互联网教育资源建设之虚拟化实践研究

　　虚拟现实技术（英文名称：virtual reality，缩写为 VR）是一项新型实用技术，所创建的虚拟的环境具有生动、逼真的特点，因而能够达到学习媒体情景化及自然交互性的要求。目前，虚拟现实技术已经成为促进教育发展的新型教育方法，在具体应用方面有情境教学、虚拟技能训练、虚拟校园、虚拟测试、虚拟课堂、虚拟实验及虚拟远程教育等。

第一节　虚拟教学及其应用前景

虚拟教学是虚拟现实技术与教学过程相结合的一种教学模式，并以动画的形式呈现教学内容。虚拟教学不仅打破了传统的教学模式，弥补了院校硬件设施的某些不足，而且因其具有很强的互动性和创造性，大大提高了学生上课的积极性，尤其是在一些实际操作性非常强的专业领域，其应用前景广阔。

一、虚拟教学及其优越性

虚拟教学是利用虚拟现实技术把教学过程做成动画的形式，但是比动画多了更多的互动性和真实性，有时可以达到完全模拟的程度。

虚拟教学有许多优越性，这种教学方式不仅使教学的视野大为拓宽，而且教学空间从某一特定的物理空间延伸到虚拟的赛伯空间，同时教学资源的界限从少量有限伸展到大量无限。具体来说，虚拟教学的优势主要体现在以下几个方面。

一是学习方式的转变。虚拟现实技术生成的学习环境允许学习者从自己的角度浏览虚拟世界的对象并与之交互。这项技术不仅弥补了传统屏幕显示设备的不足，而且可以通过人机交互的方式，让学习者感觉自己离开了真实的现实环境，沉浸于虚拟世界之中，以至于成为系统的一部分。在这种完全的沉浸感之中，学习者的学习是探索性的学习，因为这种学习主要依赖于自己与虚拟环境的互动而不是教师的教学。学习者通过自己的感受、大脑思维和分析形成目标实施策略，然后来操作界面，系统则在接收到学习者的信号后即刻做出智能反馈，从而实现真正意义上的交互。

事实上，任何形式的探索性学习，都是更有利于学习者自主学习的。虚拟教学模式下的探索性学习，使学习者不仅能够从定性和定量相结合的虚拟环境中获得感性认识，更重要的是能够形成理性的理解，从而深化概念，产生新的想法，然后继续进行积极的寻求、探索和接收信息。显然，这种探索性学习与原来的接受式和被动式学习方法大不相同，其本质上是自主学习；而自主学习不仅是传统学习方法的改变，更深层的意义在于，自主学习已经涉及学习习惯、学习态度、学习意识、学习质量等心理因素和心理力量，这对于学习者的知识习得以及成长来说都具有重大意义。

二是师生角色的转变。在传统的教学过程中，教师是主体，是纯粹的施教者，直接掌握着所有的教学活动，而学生则是纯粹的受教者，其应有的主体地位受到很大限制。另外，学生之间也较少合作，难以充分发挥学生的探索性和创造性。而虚拟现实技术支持下的虚拟教学，使教师的角色从传统的纯粹的施教者转变为学习活动的引导者、促进者和支持者，这无论对于教师还是学生来说，都具有革命性意义。

虚拟现实技术对于虚拟教学的支持，是通过对模态，即听觉、味觉、嗅觉、触觉的三维创造（参见第六章第二节"多模态学习分析技术"），使学习者感觉进入虚拟环境并沉浸其中。这不仅意味着将学习的主动权移交给学生，也意味着教师的教学方法发生了根本性的变化，即从灌输到启发，从领导到指导，从命令到帮助，从而使"以老师为中心，学生围着老师转"的传统教学模式转变为"以学生为中心，老师为学生学习提供支持"的新的教学模式。教师对学生学习的支持，既可以是直接的面对面的支持，也可以是通过控制虚拟环境的间接支持，而学习什么和如何学习则由学生自己决定。

三是虚拟教学应具有更深层次的、积极的价值取向。主要包括三点：第一，运用新兴技术应注重教学内涵和效果。换言之，在使用新技术之后，我们应该注重逐步提高每个课堂教学和每个教学环节的效率。第二，在虚拟教学实践中，教师要充分利用虚拟现实技术打造沉浸感，让学习者感受到学习氛围，调动每个学习者的积极性，激发他们的学习动力。第三，虚拟现实技术的作用仅仅是辅助教师教学的工具，不能主张"唯技术论"，要注意启发学习者的思维，进一步激发学习者的内在潜能。因为学习不只是单纯地获得知识或结论，更重要的是培养学习者发现问题、分析问题和解决问题的能力，而且这是一个动态的过程。所以教师应注重引导学生关注自己的学习过程，注重引导学生反思自己在学习过程中所采用的方法是否更有意义，而不仅局限于教会学生如何"解题"，还要帮助学生学会学习。

二、虚拟"教"和"学"原则

虚拟教学应用于教育领域，作为施教方的老师和作为受教方的学生，都应该遵循一定的原则。具体内容如下。

（一）施教原则：适用和适度

任何先进的技术手段都应该服务于实际需要，虚拟现实技术也是如此。虚拟现实技术之所以能应用于教育教学，是因为其根本目的在于促进学习者的自主学习。因此，教师不仅要找到虚拟现实技术与教学的最佳结合点和切入点，更重要的是必须注意适用性和适度性。

首先是适用，这是施教者应该遵循的第一原则。虚拟系统对于教学而言，并非所有的学科内容都适合使用虚拟现实技术。在这方面，教师不妨从具体的学科内容及内容所占用的时间效率角度来选择，适用于多媒体技术的学科就使用多媒体，适用于虚拟现实技术的学科就使用虚拟现实技术。这一点一定要弄清楚，否则将会适得其反。

其次是适度，这是施教者应该遵循的又一项原则。教师在教学中运用虚拟现实技术必须适度，也就是教学内容和教学形式二者必须统一，并注意给学生留下足够的思维空间。技术的运用如果不适度，就很容易使学生彻底陷入技术创设的虚幻的世界而难以控制自己。

（二）受教原则：虚拟课堂学生规则

在线虚拟课堂给了学生更多的自由，但也让一些学生无法安静地学习。在这种情况下，特别需要制定一些课堂规则来帮助学生规范他们的学习行为。

学生于在线虚拟课堂中学习，要遵循以下四条规则：一是做好准备；二是进入学习区；三是将麦克风静音并打开摄像头；四是充分尊重他人。其中，做好准备就是做好按时穿衣吃饭等学前准备工作；进入学习区要求学习区没有杂音，非常安静，学生可以在这里学习而不受任何干扰；将麦克风静音并打开摄像头，通过这些动作，有助于学生进入状态，并在虚拟世界中看到自己的老师和同学；充分尊重他人意味着，当你听到老师和你的同学说话时，不要打扰他们，如果你想发言，请举手。

上述四条规则不仅可以帮助学生做好学习的准备并享受学习的乐趣，还可以让学生像在课堂上一样与老师和同学一起学习。

三、虚拟教学的应用前景

虚拟教学可以应用于教学领域的各个学科，如天体物理、化学、生物、历史、英语等。尤其是现实生活中无法显示的，或者显示成本高、效果不直观的，更适合虚拟教学。如在现实世界很难全景呈现浩渺无垠的太阳系和银河系，但可以通过虚拟环境呈现；肉眼难以观察到的分子、原子结构和细胞，也可以通过虚拟环境呈现出来。虚拟环境所呈现的是非常直观的、形象的、立体的展示，而不是抽象的、模糊的、平面的认知。来看下面几例。

在天文馆的展览教育中，利用虚拟现实技术，可以真实再现火星表面的状况，动态演示火星的结构和运动过程。利用虚拟现实技术还可以深入任何天体的内部，通过模拟图像显示天体的内部构造。例如，太阳的内部构造很难以其他方式显示出来，但通过虚拟现实技术则可以逼真地表现出来。

在虚拟技能训练方面，利用虚拟现实技术建立的虚拟实验室可以对人进行虚拟训练。它具有环境逼真、沉浸感强、场景多变、训练针对性强、安全、经济、可控等特点。

虚拟现实技术还可以应用于虚拟实验教育。实验教育的核心是充分鼓励参与者探索和实践，在实践中培养创造性思维，传播科学思想和方法。而在过去，由于软硬件条件的限制，做到这些往往是非常困难的，成本也非常高。利用虚拟现实技术进行的虚拟实验不仅可以产生视觉效果，而且可以处理实时交互图形，参与者能够充分感知虚拟世界中的信息并做出选择或相应的行动，并且还可以在不同的虚拟实验之间切换，只需输入不同的处理方案而无须更换大量外部元件。

虚拟现实技术带来的积极影响在于，它不仅可以有效解决我们以前无法解决的教育教学问题，还促使我们对当下的教育教学进行更深入的思考，进而引发教育和教学方面的一系列重大变化。虽然虚拟现实技术目前在我国教育领域的应用还处于起步阶段，但其未来可期。随着AR（增强现实）、VR（虚拟现实）、MR（混合现实）、XR（扩展现实）等技术的不断发展，以及硬件设备的升级，虚拟现实技术将以其强大的教学优势受到更多重视和青睐，并将被广泛应用，在教育领域发挥重要作用。

第二节　虚拟现实技术在教育教学中的应用场景

虚拟现实技术在教育领域的落地应用，目前主要有这样几个场景：情境教学、虚拟技能训练、虚拟校园、虚拟测试、虚拟课堂、虚拟实验及虚拟远程教育等。这些应用场景更符合人性、更有效率、更多元化，从而使学习更简单、更快乐、更高效，同时也能够有效解决许多教育难题，因而成为互联网教育资源虚拟化建设的重要实践。

一、创设虚拟情境，实施情境教学

情境教学也可以理解为教学情境，就是在一定情境下进行教学。教学情境的"境"指的是教学环境，既有小环境又有大环境。小环境指的是学生学习的教室的桌椅布局陈设、学校的各种硬件设施等，小环境也应该包括教师的教学技能和责任感；大环境主要指的是国家的教育政策环境。在大小环境中，小环境对教学的影响最为直接。事实上，"情境"是课堂教学的基本要素，教师日常教学工作中的一项任务就是创设适合某个学科及其内容的教学情境，创设这样的教学情境才有价值，这也是教学改革的重要追求。从这个意义上说，运用虚拟现实技术创设的虚拟情境教学具有很大的应用价值。

所谓虚拟情境教学，是指教师从教学的需要出发，通过虚拟现实技术有目的地引入或创设具有类似现实的，或者说与现实平行的情境，给学生渲染出一种形象、生动、具体的氛围，促使学生从听觉、视觉等多方面进行感受，激发学生积极学习和思考，帮助学生理解学科内容，从而提高教学效率和学习效率。其特点是实用、经济、见效快。

虚拟情境教学是新课程改革背景下兴起的一种非常流行的教学方法，对于突破重点和难点、提高学生的学习兴趣和参与度具有重要作用。

例如，在外语学习过程中，通过虚拟现实技术，学生们可以远程与外国朋友"面对面"进行交谈，也可以感受某一国家总统竞选期间演讲的现场气氛等。当学生在虚拟世界中扮演某个角色时，运用虚拟现实技术就可以创设该角色所需要的特定情境。比如，通过虚拟现实技术创设一个美国的虚拟商店、俄罗斯的虚拟医院、朝鲜的虚拟旅游……通过这些诸多的虚拟场景，可以引导学生扮演各种不同的角色与该场景中的其他人进行交流互动，这无疑是提高学生外语综合能力的重大突破。

再如，在历史教学情境的创设中，教师运用虚拟现实技术将学生带入特定的历史情境当中，让学生想象过去、现在或未来可能发生的一些问题，让学生"身临其境"。历史课堂中的虚拟情境教学是一种教学方法，而不是史料的运用，虚拟情境教学以教师掌握的历史事实为基础再现历史事实的基本特征，并不是没有基本历史事实的虚构。深入历史一直是历史学习的重要方式，让学生在虚拟情境中指点江山、激扬文字，使学生可以积极、兴奋地融入课堂，激发学生学习的积极性和主动性。在这里，学生成为课堂的主人，可以充分发挥自己的主体地位，老师也能高效地完成教学任务，从而满足教学需要，实现学科目标。

又如，在小学语文教学过程中，通过创设与学科内容相一致的虚拟情境，可以充分调动学生的学习积极性，让学生掌握更多的知识和技能，学会分析和解决问题。比如，在学习《北京》这篇文章时，借助虚拟现实技术，学生可以看到北京的三维全景地图。当学生在观看北京三维全景地图时，老师会给出相应的解释，使学生更全面地掌握课文内容。在展示了北京三维全景地图之后，学生们可以找到北京的一些现实景点，教师扮演景点导游的角色。比如，通过卫星找到天安门广场，然后回到三维全景地图上观看天安门广场，此时教师向学生解释天安门广场的建筑形式和风格。然后，学生就可以根据教师讲解天安门广场的范例，使用三维全景地图展示北京的其他景点，这样不仅可以引导学生更好地掌握文章的内容，还可以提高学生的学习积极性，从而达到预期的教学目标。在整个教学过程中，不仅有学习过程和学习方法的改变，还有情感、态度和价值观维度的提升。

为了使虚拟情境教学在教学实践中充分发挥作用，有必要进行虚拟情境教学设计。当设计虚拟情境时，应该对这个情境精确定位并进行充分详细的准备。具体而言，需要考虑以下因素：目的是否明确？虚拟情境和现实真实情境之间是否存在内在联系？它有趣且合理吗？它有助于理解抽象事物吗？是否有助于学生深入理解学科知识的规律？有助于激活思维吗？这些因素没有具体的量化标准或优先顺序，仅作为设计虚拟情境时的参考。如果上述因素的大多数答案是否定的，那么你所创设的虚拟情境只是一种引人注目的课堂教学形式。这样的设计是低效的，甚至是无效的。

值得一提的是，虚拟情境教学在应用于实践中时，应避免以下误区。

首先，我们不能将虚拟情境与虚构情境相提并论。虚拟情境并不等于虚构情境。虚拟情境是利用技术手段创造的有一定真实性的情境，它是对现实的重构和加工，目的是更好地为教学服务。而虚构情境是完全脱离现实的，是纯粹的、主观捏造的。如果不理解"虚拟"与"虚构"的本质区别，将二者混为一谈，必然会导致学生学习的知识是错误的，这样的后果十分严重。

其次，虚拟情境教学的运用不能过度，也就是不宜用得太多。在新的教育形势下，有的教师曲解了教学要求，认为只要学生能热热闹闹地积极参与课堂，就是一堂好课，因此出现了为追求课堂形式上的效果而过度采用虚拟情境教学的现象，结果在一些非关键的学习问题上花费大量时间，把课堂教学当作一个展示虚拟情境的舞台和表演，其结果是可想而知的。我们对待虚拟情境教学的正确态度是，既要充分发挥虚拟情境教学的优势，又要杜绝过多地盲目使用。

最后，有的老师认为虚拟情境中必须有情节，这是对虚拟情境教学的误解。事实上，大多数学科内容根本不需要情节，只要能达到让学生掌握知识要点、激发学生思维的目的，就是一个很好的虚拟情境教学。每个虚拟情境都必须有情节，这实际上是一个很大的误解。

二、扮演特定角色，进行虚拟技能训练

虚拟技能训练是利用虚拟现实技术实时生成具有三维信息的人工虚拟环境，学生通过使用一些设备、接收相应环境的各种感官刺激，并根据需要通过各种交互设备控制环境、操作工具和操作对象，从而达到提高各种技能和学习知识的目的。与传统的培训方式相比，利用虚拟现实技术建立的虚拟实验室可以对人进行虚拟培训。它具有环境逼真、沉浸感强、场景多变、训练针对性强、安全、经济、可控等特点。

虚拟现实技术所打造的沉浸感和其交互性，能够使学生沉浸于虚拟学习环境中，非常有利于学生技能的培养。虚拟练习没有危险性，学生可以反复练习而不必担心，直到掌握操作技能为止。下面来看看汽车驾驶、电气维修、外科手术、军事行动等职业技能培训是如何借助虚拟现实技术进行的。

汽车驾驶技能虚拟训练，就是通过体验，使学生养成安全礼让、文明驾驶的道德意识。比如，开始时的上下车动作及驾驶姿势、行车前的车辆检查与调整、操纵装置的规范操作方法等，以及接下来的汽车起步时的操作要求、

操作方法、操作要领、安全事项等，为学生能够真正进入路面训练打好基础。

电气维修技能虚拟训练，一般是针对大专院校、职业技术学校的维修电工职业工种的技能训练，包括家用电器维修、无线电装接、仪表调试、电梯维修等众多与电工电子自动化相关的职业。这种训练多以就业为导向，以提高技能水平为核心，教学内容有电路、原理、布局、连线、排故等，教学形式有电工基本技能虚拟训练、电力拖动训练、电子技术训练、电工电子器材训练、维修电工训练等，注重操作与指导相结合、实践与考核相结合，具有职业性、实践性、情景性、过程性、趣味性的特点。

外科手术虚拟训练主要针对的是医学院的在读学生或已经毕业的实习医生。通过 VR 穿戴设备将学生"放置"在交互式计算机生成的手术室中，他们通过外科手术虚拟训练，要求在虚拟环境中获得技能和经验，然后再将这些技能和经验应用于风险更高的现实世界患者身上。这些操作过程都是在安全且可预测的环境中完成的。以实习医生为例，在操作中，实习医生戴着 VR 眼镜和数据手套，通过在三维空间中进行操作来执行外科手术，实习医生能够通过触觉反应的力反馈来"感觉"手术过程中发生的事情，包括细微的变化。比如感觉到虚拟手术刀切开组织和肌肉的方式，就像在实际操作中一样。这是实习医生学习新技术和评估结果的理想环境，对于提高实习医生的现有技能或更新旧技能都很有用。

关于军事行动虚拟训练，按照相关规定，大学生新生入学必须参加学校组织的军事训练，新生的这种军事训练一般采取实训的方式。不过教学过程中常常会涉及一些具体的军事科目，这在军事院校是非常普遍的，因而虚拟军训更有用武之地，诸如虚拟射击、虚拟擒拿格斗等军事动作。此外，还有针对战争爆发的虚拟兵棋推演等。现在有的科技公司已经开发出了许多相关应用，如军事 VR 战术模拟训练标准化管理系统、VR 模拟军训标准课程库、

VR 战术训练考核标准库等，军事学院可以借助这些应用工具开展虚拟军训。

虚拟和现实相结合益处多多，不但可以减少学生在虚拟训练过程中的一些不适，而且可以减少虚拟训练与真实训练的差异对学生训练效果的影响；同时，通过虚拟与现实的结合，也可以使学生及时地将所学的理论知识转化为行动技能，并通过实际操作巩固技能。因此，虚拟技能训练需要进行模式设计，设计的培训对象主要是学生和教师。

一般来讲，虚拟技能训练涉及任务、设备、环境、过程、技能、反思等诸多因素，因此针对学生的虚拟技能训练，在设计时应该包括几个必备的模块，即传统学习、明确任务、熟悉设备、融入环境、观看过程、练习技能、实际操作、反思和移动学习等。其中，传统学习不仅可以通过传统课堂获得理论知识，还可以通过微课等网络途径学习。明确任务、熟悉设备、融入环境，就是在掌握一定的理论基础、明确虚拟实践的任务目标后，通过观察和总结训练过程中的注意事项，然后由学生进行虚拟的技能练习。观察过程、实践技能就是学生全方位、多角度地了解和理解虚拟环境中要操作的所有设备，并融入技能训练现场的虚拟环境，观察虚拟角色模拟操作的具体过程，最后练习虚拟技能。至于反思与移动学习，指的是学生通过对比虚拟练习与现实实习两个阶段的学习，总结出二者在技能训练上的主要区别并进行反思，也就是如何在虚拟练习中弥合二者的差异，这里面的关键是充分利用移动学习终端来巩固所学技能，以便日后可以随时练习。

三、仿真校园环境，建立虚拟校园

虚拟校园是虚拟现实技术在教育培训中最早的一种具体的创新应用，它主要是以 VR 虚拟现实场景界面的形式直观地展示现实中校园的景观及设施，并能够上传到网络，为用户提供远程访问和虚拟漫游。它具有以下几项功能特点。首先，虚拟校园可以全方位无视觉盲区地旋转展示实景，以反映校园环境和学校特色，同时还具有虚拟漫游功能；虚拟校园的三维全景图像反映了真实的校园场景，因而具有真实性，同时能够给人以很强的立体感和沉浸感，虚拟漫游其中犹如身临实境；虚拟校园由于制作成的文件占用空间小，因而可放在任意网站链接中打开且不会影响网速。

众所周知，学习氛围、校园文化对教育的影响和作用是不可忽视的。教师、学生、教室、课堂、实验楼等，甚至校园的一草一木、每一次活动，润物细无声地影响着每一位学生，伴随着他们成长。学生从中得到的教益从某种程度来说，远远超出书本所给予的。而基于虚拟现实技术的虚拟校园，在这方面具有重要的地位和不可替代的作用。事实上，国内一些高校早就开始了推广和使用虚拟校园模式。

例如，天津大学早在 1996 年就在 SGI（short guard interval，即短保护区间）硬件平台上基于 VRML（virtual reality modeling language，即虚拟现实）国际标准最早开发了虚拟校园，让没有去过天津大学的人能够更多地了解这个近代史上久负盛名的大学。在当时，互联网刚刚进入中国，网络教育还未开始，天津大学能有如此的杰作，实在难得。在此之后，国内一些高校也开始逐步推广、使用虚拟校园模式，先后有浙江大学、上海交通大学、北京大学、西南交通大学、杭州工业大学等高校采用虚拟现实技术建设了虚拟校园。此外，北京四中、北京景山学校等也采用虚拟现实技术建设了虚拟校园。虚拟校园的建设，使得这些有实力的学校开始走向开放办学之路。

虚拟校园一般包括三个功能模块：校园模型、虚拟教学和交互。构建三维模型时，可以使用 3D Studio Max 软件进行三维建模，按照斜 45°角渲染出图，然后调整图片，并分切成 256 像素的栅格图，以备系统调用。三维模型的构建应该设置虚拟环境的背景，比如加上地面和天空等，最好让三维模型世界位于地球的中心，就像自然界中的地球和天空一样。此外，在模型构建过程中应注意多边形模型的优化，这样可以最大限度地减小最终网络文件的大小，方便用户浏览。利用虚拟现实技术模拟教学，可以真实地展示教学过程，它不仅能够弥补学校硬件设施的不足，更重要的是它打破了传统的教学模式，其强烈的沉浸感将大大提高学生上课的积极性。人机交互界面设计必须以公众为用户对象，力求简洁、直观、方便、快捷。人机交互可以让用户在校园内行走，用户通过浏览器可以直接打开软件并进入界面，从中自主进行操作，如选择自动导航、手动导航等。

四、使用虚拟仪器，满足测试需求

虚拟仪器技术是利用高性能的模块化硬件，结合高校最好的软件来进行各种测试测量的应用。计算机和仪器的结合有两种方式：一种是将计算机装入仪器，另一种是将仪器装入计算机，也就是在通用计算机硬件和操作系统的基础上实现各种仪器的功能。我们讨论的虚拟仪器主要指后一种方式。

虚拟仪器技术建立在计算机硬件和操作系统基础上，它突破了传统仪器在数据处理、显示、存储等方面的限制，将传统仪器中的部分硬件电路用软件来实现。用户可以通过一台计算机、一套软件和少量必要的硬件，就可以实现传统仪器的各种功能操作。比如，通过面板上的虚拟显示屏、数字显示器和指示灯，就可以了解仪器的状态；通过读取或打印测量结果，就可以方便灵活地完成被测量数据的采集、分析、判断、显示和存储等工作。

虚拟仪器技术在检测过程中的应用具有以下不可替代的优势：首先，结合小型数据采集设备，单机就可以进行通信协议、放大、过滤和数据采集等各种实验,大大节省了资金投入;其次,不同厂家生产的不同仪器可以通过软件轻松地连接成一个整体,实现从信号产生、采集到信号处理的全过程操作,充分利用了现有资源,提高了系统效率;最后,缺乏编程经验的本科生也很容易掌握操作方法,稍加训练即可以轻松地建立自己的实验系统,极大地激发了学习热情。另外,具有表格、数值、曲线、刻度盘等多种数据表达形式的LabVIEW软件非常直观,使学生对演示印象深刻,易于掌握相关知识点。

下面具体介绍一下利用虚拟仪器技术在课堂教学中的优势。

一是有利于学生掌握编程语言。标准编程语言是一种通用的仪器操作语言。过去在教学时只能向学生描述语法规则和操作效果,这是空洞的,学生很难掌握。现在可以通过通用接口总线将受控仪器与计算机连接起来,并通过虚拟仪器技术对受控仪器进行编程和操作,学生可以使用不同的标准编程语言命令观看。如果在课堂上没有完全掌握,也可以课后在实验室里学习和掌握相关内容。

二是有利于学生掌握基础理论知识。对于基础理论知识,以往的教学侧重理论分析,结果学生往往只知道书本知识而不会应用。现在通过虚拟仪器技术,可以很容易地将真实信号引入虚拟检测系统,从而让学生在直观的观察中掌握相关理论知识。

三是有助于学生自建数据采集系统。数据采集系统包括标准信号的产生、采集及处理,需要很多的设备和复杂的交联关系,因此很难进行一对一的实验。现在可以建立一个基于虚拟仪器的声卡数据采集系统。声卡在软件的激励下产生标准声音信号,然后通过麦克风采集数据,并通过软件对采集的信号进行分析和处理。通过使用耳机麦克风和配备计算机声卡,学生可以亲自构建数据采集系统,实现一人一组单独操作,极大地提高了学生的学习积极性。

五、建立虚拟课堂，创新课堂设计

虚拟现实技术创建的虚拟课堂是基于网络的在线教学环境和过程，使学生能够通过多种方式互相交流，包括视频演示和群聊。其特点是：成本低，经济性强；可大规模应用，覆盖面广；课程随需开设，学生自主选择；全天候播放，不受时空限制，长期有效；通过教学管理平台获取学员详细信息，提高教学效率；可以多元立体地向学生传递教学内容。

虚拟课堂是传统课堂教学的延伸。虚拟课堂突破了时空限制，使课堂教学不再局限于有形的教室之中。在时间上，一些需要长时间才能观察的变化过程，利用虚拟现实技术则能在很短的时间内将整个变化过程呈现给学生；在空间上，从宏观宇宙到微观粒子结构，都可以通过虚拟现实技术在虚拟课堂中全方位地进行研究。

在虚拟课堂上，教师可以采用直播和录制相结合的方式，课堂上可以同步录制直播内容，课后也可点播。在虚拟课堂模式下，教师可以非常方便地在任意时间和地点制作课件，并进行上传、管理、点播；同时，虚拟直播的课件内容经过设计，可以制作成音频、视频、文档、问答等形式的教学资源，使之符合教育和培训的特点，让优质教学资源能够在保证版权安全的情况下快速传播。

同样是在虚拟课堂上，学生运用虚拟现实技术，可以对学习过程中所提出的各种假设进行场景虚拟，以便直观地观察到这一假设所产生的结果或效果。例如，在上化学课时，学生可以按照自己的假设将不同的分子组合在一起，然后电脑就能虚拟出不同分子组合后生成的新物质。除此之外，学生还可以通过虚拟现实技术进行建筑设计、电路设计、温室效应、沙漠治理、智慧出行等方面的探索学习，从而达到理论与实践相结合的效果。

虚拟课堂的设计，应紧紧围绕教学目的，以学生的自主合作、个性化学习为核心，创新地、详略得当地设计功能的应用。在这方面，《数字教育》2020年第2期（总第32期）"基础教育信息化"栏目曾发表一篇《虚拟现实课堂五段式教学设计模型》的文章，该文提出了用于虚拟现实课堂的五段式教学设计模型。这"五段"指的是学生需求、学习目标、学习策略、学习活动、学习评价五个模块。下面对"五段"做一简要介绍，希望可以将之作为设计虚拟课堂时的学习借鉴。

学生需求分析是五阶段教学设计模式的出发点。学习需求是学生预期目标与现有知识和能力之间的差异。教师或教学设计师在了解学生的学习需求之后，可据此选择教学媒体。对于非虚拟资源能够解决的知识问题，不需要虚拟环境；但对于现实生活中一些存在高风险、高消耗或不可访问的场景，则可以优先使用虚拟资源。

学习目标分析指的是教师或教学设计师根据学生的需求和教学大纲的要求，对学生所学内容的知识进行细分，以确保学生有意义地学习。

学习策略的选择强调在虚拟环境下"学习第一"的教学策略更具实践性，旨在体现虚拟情境中对学生自主学习和协作学习的支持。

学习活动是虚拟现实课堂的核心内容，也是虚拟现实课堂的实践部分。文章作者强调指出，学习活动的设计最能体现教师或教学设计师的智慧。作者还列出并分析了学习活动设计应该包括创设情境、澄清问题、探究证据、总结反思和拓展延伸五个主要的环节，至于侧重哪一个环节，要看教师或教学设计师对教学目标和学生特征等具体因素的判断。

虚拟课堂不好控制，但借助适当的评估工具，可以量化虚拟环境和虚拟活动，因此在上述四个环节之后要进行学习评价。评价环节也应予以设计，要选择适合虚拟现实技术的评价工具，如知识构建思维导图、学习动机测试问卷、协作学习成绩量表等。

六、通过虚拟实验，亲历实验过程

虚拟实验旨在通过实验来确定我们生活中是不是能够完成的实验现象，因此该项活动可辅助，或者部分替代甚至全部替代传统实验中的各个操作环节。所谓虚拟实验，是指在计算机上借助于虚拟现实技术、仿真技术和多媒体技术等，营造出能够与实验项目密切关联的软硬件操作环境，使实验者能够像在真实的环境中一样来完成各种实验项目。

实验教育的核心是能够充分鼓励参与者亲自动手进行探索，通过实验教育培养参与者的创造性思维。以往由于各种软硬件条件的限制，完成实验项目往往很难并且代价很大。而通过虚拟现实技术创建的虚拟实验，则完全可以使人在虚拟世界充分感知信息并做出选择或相应的动作；而且能在不同的实验之间切换，只需要输入不同的处置方案而无须大量的、成本很高的外部元件的置换。

通过虚拟现实技术打造的虚拟实验，学生可以安全地进行操作，学生不仅可以操作各种精密设备，体验实验过程，而且最终还能获得实验结果。无论这个结果是否达到预期，对于学生来说都是一种积累。

例如，随着中央电化教育馆中小学虚拟实验教学试点工作的逐步深入，各实验区涌现出了不少好的教学案例。某市前锋中学的齐老师就充分利用中央电化教育馆资源，在课堂上引导学生通过虚实实验大胆探究简易电路的搭建，使学生体验到了"提出问题、设计方案、实验操作、观察现象、得出结论"的完整探究过程，从而提升了学生的探究兴趣，培养了学生的动手操作能力和严谨求真的科学态度。

虚拟实验能否取得预期效果，功能设计至关重要，所以在进行虚拟实验设计时，应具备以下功能：一是交互功能。模拟实验的环境是由大量虚拟的仪器和设备模型构成的，学生在实验过程中要使用这些模型来模拟具体的交互过程，这样就能达到学生与环境交互的目的。二是指导功能。虚拟实验要在实验的步骤、内容及注意事项等方面给学生以适当的指导，为此需要在功能设计之初就建立一个完备的文本式指导书，以便学生随时浏览；或者在功能设计之初采用动画或视频演示的方式，让学生先行了解实验的具体过程。三是交流与答疑功能。虚拟实验应给学生与教师提供交流平台，以便于教师通过交流平台来解决学生在实验与学习过程中遇到的问题。这项功能的设计，对于提高学生的学习效果具有重要意义。四是实验报告归档功能。学生在完成实验操作后，应要求按照统一的格式完成实验报告，然后提交到指定的数据库或指导教师。从一定意义上说，这份实验报告属于有一定价值的教育教学资源，因此应该做归档处理。

七、虚拟远程教育，实施持续教育

远程教育也叫网络教育，是指综合应用互联网、计算机、多媒体、通信等技术，收集、设计、开发和利用各种教育资源、构建教育环境，为学生提供教育服务。在远程教育活动中，教师与学生、学生与学生之间的联系是通过建立双向或多向通信机制来保持即时会话的。由于突破了时空的界限，不需要在特定时间和地点上课，因此可以随时随地开展教学活动。其中，虚拟现实技术发挥着重要的作用。

在远程教育中，虚拟现实技术的作用是多方面的。首先，虚拟现实技术改善了学习条件和环境。如在化学实验的虚拟远程教学中，学生通过VR头盔显示器、数据服务等设备，就可以观看整个实验过程。因为这些设备可以模拟人的眼、耳、鼻、舌、身五种感官，可以将实验中的现象传递给学生的这些感官，所以实验不会威胁到学生的安全，也不会受到外部环境的影响；同时，学生通过使用这些设备，可以实现整个实验过程的自主操作，以此提高学生在远程教育中的参与度和体验感。其次，虚拟现实技术可以最大限度地利用教育资源。在虚拟现实技术的支持下，学习资源可以"活"在学生面前，使学生在学习过程中既能"知道这样"，又能"知道为什么这样"。最后，虚拟现实技术可以锻炼学习者的技能。这方面的作用在所有虚拟远程教育中最为明显，无论是物理实验、化学实验，还是其他内容的远程虚拟教学，学生都可以通过利用相关设备进行远程实验操作，从而锻炼操作技能，不仅可以为实验考核打下基础，也为将来走向工作岗位积累了实践经验。

从目前的应用实践来看，虚拟现实技术在远程教育中的应用主要有两个层次：一是虚拟现实技术在课堂教学课件中的应用，将抽象复杂的问题形象化、可视化。如在医学教育中展示人体结构和各种生命周期系统功能。二是利用虚拟现实技术制作专门的功能系统，并在远程教育平台上使用，如搭建虚拟实训场和虚拟实验室、创建虚拟教室和学习环境等。

以虚拟实训场和虚拟实验室为例，它是在VR技术支持的虚拟世界中构建的实验场所，为学习者提供所须的活动与操作对象。由于虚拟实训场和虚拟实验室中的操作对象从实物变成了模型，因而这种模型也就是操作对象，允许学习者的操作方式随着教学设计者最初设计的精细程度而增减。显而易见，设计者在最初的设计过程中，要根据教学需要设计出较为精简的操作流程，不过要事先提示或告知学习者应当怎样控制和处理"眼前"的对象。同时，最初的设计要遵循一个原则，这就是安全性原则。也就是说，即使学习者由于失误导致实验失败，也不会造成实际的损失，更不能造成生命危险，因此学习者在虚拟实训场和虚拟实验室中的操作应该是一种相对安全的训练方法。

这种实验大大降低了教学成本，也避免了化学、药学、化工等专业的危险性，不仅使学生能够更好地融入学习，而且有助于学以致用，对学生将来的实际工作有指导作用，从而有效地提高虚拟远程教育应用的深度和广度。

第十章　互联网教育资源建设在不同模块的实践

随着信息化教学的日益普及，各个学校建设了大量的互联网教育资源，但这些资源在实践中并没有达到预期的效果，没能真正地融入教育教学过程中。为此，本章对互联网教育资源建设必将涉及的模块，如教学资源库、数字化图书馆、电子阅览室、网络期刊、多媒体电子书等进行分析，并提出具体的建设建议与实现路径，旨在完善各个模块的功能，发挥其应有的作用，以推动互联网教育资源建设的发展。

第一节 教学资源库的建设原则及建设方式

建设教学资源库是实现教育信息化的重要任务之一，高质量、多样化的教学资源库，能满足不同教学环境下的一线教学的实际需求，对激发学生学习兴趣，培养学生自主学习习惯，提高教育教学质量，有着不可低估的作用。但就当前学校的条件而言，尤其是专业院校，其建设教学资源库尚存在某些瓶颈，但不能因此而迟疑。无论是专业院校还是中小学校，都应该将教学资源库建设当作一项系统的工程来对待，不仅要弄清楚其目标及特点、策略与原则，还要完善保障措施，以及学习资源库的数字化建设。只有这样，才能有助于发挥教学资源库在各级学校的功能及作用。

一、教学资源库建设目标及特点

教学资源是教学材料和教学信息的来源，是指支持教学活动的各种资源包括人、财、物、信息等，也是为方便教学的有效开展而提供的素材等各种可被利用的条件，广义的教学资源还应该涉及教育政策等内容。

教学资源管理就是为各类学习内容提供高效的存储管理，而教学资源库的建设则是教学资源管理实现高效的必要手段。一个完善的教学资源库，可以为广大使用者提供非常方便且快捷的存储和提取功能，也有助于资源访问效果的分析与评价，从而提高教学资源的利用率，促进教学资源更好地为实际教学服务。

教学资源库建设的目标，就是要实现教师方便用、学生乐于学、优质资源共享，从而全面提高教育、教学质量。

针对中小学生的基础教育资源库应具有以下几个特点：一是资源丰富，形式多样。应包含教学设计、教学课件、基础教材、知识评价材料、拓展材料等海量资源，并具有文本、图片、动画、音频、视频等多种媒体和应用模式，能够充分支持教学活动中的资源使用要求。二是学科齐全。应包括中小学不同阶段的所有学科，能够为所有学科的教师提供资源服务。三是操作简单。教师可以根据学科、年级和知识点浏览和下载资源，完美体现"所见即所得"的特点。四是搜索功能。搜索功能应允许用户查询并支持用户将收集到的资源逐条或批量导入资源库，为此后开展个性化教学活动提供帮助。

针对专业学校的专业教学资源库应具有以下几个特点：一是能够为学校提供完善的信息化教学体验，推动专业教学改革，提升教学效果；二是支持通过个人计算机、平板电脑、智能手机等终端开展学习活动，使学习不受时空限制；三是能够兼容各类教学资源的不同格式，最大限度地挖掘教师现有教学资源的价值；四是支持资源批量导入、支持大文件上传、自动适配各类终端设备的学习需要，用信息技术降低教师的工作量；五是每个课程、资源都能基于微信、QQ快速分享，每个学生都能第一时间获得优质教学资源。

其实，无论是基础教育教学资源库还是专业教学资源库，其特点可以这样总结概括：核心在于内容，灵魂在于软件，关键在于应用，保障在于服务。

二、教学资源库建设策略与原则

教学资源库建设既要开发一批标准的教学资源，又要注重平台建设，以便于资源得到共享和应用，还要建立健全保障机制，以促进资源建设和应用。为此，要采取一定的建设策略并遵循一定的建设原则。具体如下。

一是自建与购买的策略和原则。一方面,积极引进和购买成熟的课程资源、数字图书馆、影视资源、互动学习资源等优秀教育资源,并进行加工转化,以利于实现资源共享。教师也可以从专业知识机构与教育 IT 企业购买和定制优质资源库,当然这些资源主要为教师提供适合当前教学的图片资料、音频资料、视频资料和动画资料,或制作课件的一些优秀教学视频。另一方面,要自主开发,建立有效的管理机制,建立高素质的资源建设团队,收集和开发适合教与学的教育资源。此外,合作开发也是一种可行的方式。学校可与企业合作开发网络资源整合应用平台以及资源数据库,并通过区域管理机构与企业合作建立资源平台,由多家企业联合开发教学资源,以供教师搜索、查询、下载,甚至政府也可以根据使用评估为教师使用的资源付费,企业由"卖资源赚钱"变为"租资源赚钱"。教师也可以制作资源,企业根据下载率付费,鼓励教师以自主开发的形式建设教学资源库。

以大学生自建教学资源库为例,由于教学资源库的建设本身具有教育性、技术性和安全性的原则,大学生自建教学资源库应更加注重服务性、功能性和开放性的原则。服务性原则是以服务为中心,为用户提供方便快捷的服务,开发资源数据库,实现教与学同步发展;功能性原则就是要实用、系统、科学;开放性原则或者说共享性原则意味着来自不同地区、大学和学科的教师和学生可以在平台上自由注册、交流、上传、下载,这不仅可以扩大受众面,丰富资源数据库的内容,同时还能提高资源的利用率,实现其开放共享的功能。

二是全员参与共建的策略和原则。每一位教师都是教学资源库的建设者,也是教学资源库的使用者。因此,应动员教师对积累的试题库、优秀的教学计划、集中的教学计划、个性化的教学计划、教学参考和教学设计进行梳理。组织教师做好教学资源库建设的基础工作,在建设教学资源库时,必须保证资源库具有目的性、规范性、先进性、科学性、优化性、及时性、个性化、交互性、学科性、动态性、前瞻性、实用性、开放性和安全性等特点，根据学习主题，逐步挖掘、提炼、重组现有教学资源，实现经验与智慧的共享。此外，学生及其家长不仅是数据库的用户，还应该是数据库的建设者。因此，应动员家长整理家庭教育的经验和素材，共同建立学生、家长和教师之间的交流平台。总之，要树立整体观念，突破资源建设障碍，建设优质教学资源，实现资源共享。

以校企合作构建教学资源库为例。从目前的整体情况来看，通过校企合作构建的教学资源库一般有以下七种类型。

一是专业建设和人才培养方案。其内容应包括但不限于职业标准、人才培养的专业目标和职业目标、专业建设标准、实施的课程体系、考核评价标准和指标、实施的教学手段和方法、教学环境和条件等。这些内容无论对于企业还是对于学校来说，都是这类教学资源库建设所必备的。

二是课程学习内容资源库。这类资源库的建设要着力于优势专业的教学资源开发，创建开放共享的数字化教学资源，重视优质教学资源的利用，不断推进教学资源的建设。为此，其内容应该包括网络课程、微型课程，以及教学大纲、教学流程、课程内容、教学环境、习题库等。

三是实践教学资源库。实践教学资源库的建设重在实践，通过可以演练的实践内容来发展参训者多方面的兴趣、爱好、特长以及智力和创造才能。内容一般包括两部分，即校内培训和校外培训，具体内容有各类培训软件资源、虚拟培训环境、培训工作流程、培训电子手册及说明书等。

四是社会服务资源库。其内容应重点关注社会服务，诸如技能认证培训、教师培训、岗位技能培训、技术支持服务等。社会服务资源库的内容应以服务区域经济为出发点，直接服务于区域经济发展需要。当然这并非只是满足当地的社会服务需求，教育的使命应该是为全社会输送合格人才，这里只是说应该首先服务于区域经济发展需要，如果连这个都做不到，将有损于"使命"的完整内涵。

五是专业信息资源库。建设专业信息资源库，对学校打造高水平的专业群具有重要意义。这类资源库的内容应该包括行业技术介绍、就业信息指导、行业岗位需求信息、行业企业信息、优秀毕业生推荐等。

六是职业竞赛题库。职业竞赛题库中的资源不但可以为参与者提供服务，而且可以直接为教学服务，这是基本要求。为此，建设者需要收集和整理历年来的专业竞赛项目，并详细介绍各项竞赛的组织形式及其考核标准，最重要的是应该将职业竞赛题库中的技能竞赛内容融入到日常的教学过程当中。

七是教育资源数据库的网络平台建设。事实上，所有资源库的建设其最终成果都是利用网络平台的 Web 应用系统而建成的，因此这方面的建设工作应该包括硬件平台建设、软件系统建设、数据库系统建设，以及验证和审计系统建设等。这几项建设工作缺一不可，否则将影响使用效果，起不到应有的作用。

校企合作建设教学资源库要遵循如下工作步骤。

第一步：组建团队。要以教学单位为重点，建立由专业的领导、教师、专家及企业一线人员组成的团队，并做到分工明确，工作中要各负其责并注重合作。

第二步：制定目标和标准。校企合作建设教学资源库必须首先制定标准化的建设过程和任务指标，并在建设中建立行之有效的检查机制和详细的评价指标，以确保达到预期效果。

第三步：注重企业培训资源。企业培训资源是十分宝贵的，学校要组织专业教师深入企业，充分挖掘、整合、吸收合作企业的这些资源，同时不要忽视企业的先进技术和设备，这样才有助于将来的实际应用。

第四步：确定建设内容。建设内容的确定需要校企双方进行反复的调查讨论，最后确定学校开发的多媒体教学课件、企业制作的虚拟工作情境和用于培训的视频等具体内容。在实际工作中，需要根据国家《教育资源建设技术规范》的要求，对收集到的数据资源进行汇总、分类、筛选和优化，并结合专业特点来最终确定资源的内容和使用范围。

三、教学资源库建设的保障措施

要想成功建设教学资源库，就需要从各个方面采取措施，以切实保障教学资源库建设的顺利进行，从而实现教学资源建设的可持续发展。

针对中小学校的基础教育教学资源库建设，要因地制宜，突出实用、易用、有效。具体的保障措施应该包括以下几个方面。

一是获取资源。基础教育教学资源库可以由各种文字、图片、音频、视频和动画组成，有利于学校教学活动的开展。教学计划、课件、学习片段、教材、试卷、试题、课堂记录等都是资源库建设中可收集的资料。对资源库的内容建设，如电视节目记录、活动视频、电影、剪辑的视频等大文件多媒体资料的收集和整理则更有意义，因为这些多媒体资料不仅可以节省教师大量的时间，还可以减少视频文件下载占用局域网有限带宽的问题。

获取教学资源的途径很多，如购买成品资源库，这需要学校具有一定的支付能力，同时还要求成品资源库具有及时性，即当课程和教材发生变化时，其是否可以向其资源库添加新的资源；教师可以使用FTP客户端等工具上传资源，如果条件允许，上传后可以使用资源数据库平台自动分类；网络下载是现阶段重要的资源来源，但网络资源种类繁多，教学内容不断变化，教育对象也不同，教师对资源的要求也不同，因此负责该部分的信息主管部门应制订切实可行的资源收集计划，充分发挥计算机的自动化、智能化处理能力，不断丰富网络资源的内容，实现资源的不断更新；分享和交流也是一种方式，通过互联网与兄弟学校交换教学资源可以互利互惠。

至于教学资源的分类和处理技能，可以根据资源所属的学科和年级进行分类。这种分类方法简单，可以在学科教师的帮助下完成。也可以按资源类型进行分类，从事这项工作的人需要一定的信息技术能力，如果使用专业的资源数据库平台软件进行分类，将更容易检索。收集的电影资料没有字幕，可以根据电影的相关信息登录网站下载。下载后，将字幕文件存储在与电影相同的目录中，并将字幕名称更改为与电影相同的名称。此外还有光盘文件复制技术，如对 VCD、DVD、CD 和 CD-ROM 的复制等。这里就不详细讨论这些技术了。

二是存储资源。一种是直接存储方法。资金不足的学校可以使用配置更高的计算机作为存储设备，并通过增加高容量硬盘来扩大存储空间。还可以组装自己的存储设备进行存储。此外，有文件服务器的学校可以考虑增加服务器的硬盘来扩展存储空间。还有一种是使用专用存储设备。条件较好的学校可以选择网络连接存储和 iSCSI 磁盘阵列；资金雄厚的也可以考虑使用光盘阵列。中小学教学活动对资源空间要求较高，学校应注意扩大存储空间，有条件的学校可以在安全性、价格、空间和性能方面添加和使用高性价比的 iSCSI 磁盘阵列。

三是公网访问资源。教学资源必须可以通过网络访问，基于校园网环境的高速资源访问可以节省教师宝贵的时间，但对资源的访问不应局限于局域网，更重要的是可以在公网上进行访问、维护和更新。学校最好申请自己的域名，在学校建立网站，对域名申请、动态域名解析、资源建设等进行统筹规划，通过域名访问和管理资源，使教师能够在任何有网络的地方浏览和下载教学资源，还可以上传资源，丰富教学资源库，同时管理自己的空间。

专业学校的专业教学资源库建设的保障措施应该包括以下几个方面。

一是顶层设计。第一，要建立"一把手"责任制，主要领导亲自抓教学资源库建设；要督促各职能部门和备课小组齐心协力，信息中心人员积极工作，广大教师积极参与；要根据教育部颁布的资源建设相关规范，研究制订学校教育资源建设规划实施方案。第二，要根据教育部发布的资源库建设总体规划，结合本地区经济社会发展实际情况和专业优势，为本地区或本校制定相应的教学资源库建设规划，全面推进落地实施；应取消对资源库建设应用对象的限制，充分发挥示范性高职院校和非示范性高职院校各自的优势，整体推进资源库建设。第三，在顶层设计阶段，应处理好职业教育资源库中学与教的关系，因为"学"的资源可能不利于"教"，相反，"教"的资源也可能不利于"学"。第四，制定数据标准和质量标准。数据标准主要解决平台间的数据共享和材料元数据的质量问题。质量标准主要解决如何使用高质量的材料数据来提高学习效率，使学习者和教育者乐于使用资源数据库。

二是完善功能。第一，首先必须对用户的需求和系统的功能进行全面、深入的分析，目的是确保数据表设计的系统功能具有完整性。第二，用大数据分析学习者的学习轨迹，目的是为学习者定制最有效的学习路径。第三，添加智能评估模块，以便对学习者的学习过程进行智能导航或资源推送。第四，因为针对专业学校的专业教学资源库的建设规模庞大，所以整个系统必须具备自检、自报功能，这样才能协助质量评估人员的评估工作，也才能使资源库建设单位及时了解资源库最终使用效果，以便于替换或优化劣势资源，提高资源库的质量。

三是存储资源。资源库存储的资源应该确保知识点或技能点具有完整性和系统性。同时，资源库存储的音频、视频、动画、文本等类型的素材资源，要以最小的方式进行存储，以供用户检索。更重要的是，这类素材资源应能够在教学上完成相对独立的教学任务。

四是选择媒体。选择教学媒体应特别注意其使用效果，如在处理教学重点和难点时，不仅要使用视觉媒体和听觉媒体，还要根据实际的教学内容考虑使用触觉媒体和味觉媒体。

五是制作素材。教学素材制作应充分体现学和教的功能，能够在教的同时充分考虑到学习者的学习效果。

六是注重激励。建立激励机制，加强检查评价。通过优秀教师示范课、骨干教师优质课、青年教师良好课等评选活动，推进资源库建设。通过优秀的教学设计评估、课件评估和讲座，广泛收集实用资源。利用学科组和备课组的评估，及时收集教学计划、教学总结、教学笔记、教学论文等常规资源。

四、学习资源库的数字化建设

开放教育是个人终身学习的重要形式，也是我国建立学习型社会的重要保障。作为开放教育的基础，数字化学习资源库的建设十分重要。数字化学习资源库建设的质量在一定程度上影响开放教育的质量。因此，有必要明确并认真把握学习资源库数字化建设的总体要求、知识整合、智能学习导航、标准化和支持工具等主要环节。

就总体要求而言，学习资源库必须整合各个领域的知识，为各方面的使用者提供便利，以充分发挥出其应有的价值。为了满足不同群体的学习需求，学习资源库应该有智能学习导航功能，比如根据需要提供和推荐学习内容及方便的检索功能。更重要的是内容，学习资源库的内容应该是非常丰富的，同时也应不断优化，添加新内容并删除旧内容。运维问题也非常重要，如何维护好学习资源库，使其能够与时代紧密联系，是学习资源库建设中必须考虑的问题。资金是重中之重，学习资源库的建设是一项耗时、费力、投资巨大的工程，因此资金来源问题应该事先考虑清楚。标准是必须建立起来的，为了便于多方面的有效利用，学习资源库的建设工作有必要选择合适的标准来进行。配套设施是不可或缺的，作为一个内容丰富、使用频率高的学习资源存储库，还需要配套相关的使用工具。接下来，我们就知识整合、智能学习导航、标准化建设及支持工具等几个问题进行阐述。

在知识整合方面，学习资源库最基本的目标之一就是为各类人员提供一个再学习和终身学习的平台。这一要求决定了学习资源库必须整合各个领域和行业的各种知识。这项工作不能由哪个专家或某家信息技术公司完成，必须依赖于各个领域和行业的众多专家、学者和计算机技术人员的合作。在建设过程中，各领域的专家要根据自身特点来组织本领域的专业知识，方法上不妨先建立本领域的知识模型，然后交给信息技术人员据此进行转化，将其变为计算机数据库的模式。事实上，每个领域的知识都有一些共同点，也都有该领域自己的特点，因此在构建该领域知识模型的过程中，不妨先确定一个可以通用的框架作为共同的标准；而且这个共同标准应该允许其他领域有自己的扩展，以避免所有模式出现雷同的情况，以至于另外的许多非标准内的资源无法进入所要建设的资源库中。另外，由于学习资源库的建设者包括了来自各个领域的众多专家和学者，这些人大多无法专职开发学习资源库。除了这些专家和学者外，还有许多身在一线的师生，他们在某些领域也有很多现成的学习资源，而且这部分资源是非常宝贵的，可谓重中之重。鉴于这种情况，资源库的建设应该分为两种建设模式，也就是一般素材库建设模式和专业素材库建设模式，这样一来，不仅使建设工作能够顺利开展，还可以方便将来使用。

在智能学习导航方面，学习资源库就是一个庞大的数据库，只有完善数据库的导航功能，才能有效地利用其中的知识。每个领域、每门课程都有自己独特的地方，也与其他知识有着一定的联系，能够根据学习者的学习需求合理地选择学习内容，是高效资源库的重要指标之一。通常情况下，学习者的学习需求是不够清晰的，想要学习的内容也都比较模糊。鉴于这种情况，数据库中的智能学习导航模块在功能设计上就要考虑到能够快速地识别学习者的真实需求，并且能够有效地推送学习者所需要的学习资源，否则学习者将淹没在材料"海洋"之中。在这方面，大数据技术可以大有作为，具有广阔的应用前景。事实上，数据挖掘算法目前已经比较成熟了，比如基于资源使用频率的算法和基于不同用户使用路径的评估、跟踪和推荐算法。这些算法已经成功地应用于电子商务中，也可以在学习资源库的建设和使用中发挥同样的作用。

在标准化建设方面，数字化学习资源库是一项耗资巨大的工程，必须实现标准化，这样才能充分发挥它的作用。实现数字化的学习资源库可以为不同的人提供不同的学习平台，而开放教育、社区大学、老年大学和职业培训等学习平台也可以从这样的资源库中获取学习资源。也就是说，数字化的学习资源库可以为不同的目的人群呈现不同的资源。为了实现这些目标，学习资源库的建设必须符合数字化的标准。目前，国内外已有成熟的数字化学习资源的标准，如中国网络教育技术标准（China e-Learning technology standards, CELTS）、可共享内容对象参考模型（shareable content object reference model, SCORM）、教育资源元数据标准（institute of electrical and electronics engineers, learning object metadata, IEEE LOM）、定义测验与评量格式（question and test interoperability, QTI）等，选择和执行合适的数字化标准，有利于学习资源库实现数字化及有效利用。

在支持工具方面，由于数字学习资源库是一个庞大的系统，建设、使用、管理等方面加起来是一项复杂的工程，如果没有辅助工具，将难以实现资源库的预期目标。因此，为了能够充分发挥其作用，建设者不但要在制度、管理和使用过程中考虑各种可能的需求，也要提供相应的支持工具，以方便使用者利用这些资源。在这里介绍几款学习资源库数字化建设过程中比较常用的（包括网站和软件在内）配套工具。

21世纪教育网号称"全国中小学教学资源和教育资讯行业站点领导者"，专门提供各类小升初、中考、高考资讯，以及各科学习方法、资源、解题策略。

人民教育出版社官方网站的资源都是与人民教育出版社出版的教材、教辅相关的，尤其是统编版语文教科书，网站上还有各类教师培训视频、教育要闻等。并且，该网站下还有各种论坛，论坛里有很多一线教师的经验分享、教学疑惑解答。

NavicatTM是一套快速、可靠并价格相宜的资料库管理工具，大可使用来简化资料库的管理及降低系统管理成本。它的设计符合资料库管理员、开发人员及中小型企业的需求。

Canva是一个全能在线设计平台，看起来和教师职业风马牛不相及，但是细细挖掘会发现许多学校资源。首推PPT模板、奖状、海报三大类。类似学校介绍、新学期计划、英语朗读比赛、古诗词鉴赏等教学活动PPT，还有座位表、课程表、学习评价表等班级材料，在Canva里都可以找到，模板超级多，风格非常新颖。

101教育PPT是一款教学软件，里面包含小学至高中的各科课件、试题、3D资源、多媒体资源等各类教学资源，可以把这款软件安装在教室电脑里，上课时方便操作。即使在家上网课，也可以用这款软件授课。如果你不满意软件里的课件，也可以用这款软件打开自己准备的 PPT 讲课。

猿题库软件涵盖了从小学到高中的试题，如中高考真题、各名校历年的模拟题等都可以找到。

百度文库是百度为网友提供的信息存储空间，是供网友在线分享文档的开放平台。百度文库的内容非常丰富，包括课件、习题、论文报告、专业资料、各类公文模板以及法律法规、政策文件等多个领域的资料，用户通过百度文库，可以在线阅读和下载。

除了以上这些，还有美图秀秀、维棠、格式工厂等，介绍在此略过。

第二节　图书馆资源的数字化建设

图书馆内图书资源的数字化建设，可以让人们更方便、自由地阅读到珍贵图书，也让普通图书的查阅变得便捷，人们不用再去书架上翻阅查找，只需通过图书馆的互联网平台或网站即可方便地检索到需要的图书。数字图书馆有十分丰富的资源内容，囊括了全文电子数据库、摘要索引数据库等诸多内容[①]。本节在分析数字图书馆的特点和建设意义以及图书馆资源数字化的优点之后，重点讨论了数字图书馆建设的方法，以供读者参考。

一、数字图书馆的特点及建设意义

所谓数字图书馆，就是利用数字技术来处理和存储各种图文并茂文献的图书馆。本质上说，数字图书馆是一个由多媒体组成的分布式信息系统，它所存储的不同载体、不同地理位置的各种能够创造一定教育教学价值的信息资源，都是通过数字技术处理的，并且这些资源可以在网络上进行查询和传播。

数字图书馆的主要特点是馆藏数字化、传输网络化和资源共享化。其中，馆藏数字化是指图书馆利用信息存储技术，将各种媒体信息加工成计算机可以识别的数字信息资源，形成电子文档；传输网络化是指利用网络技术和通

---

① 刘争. 图书馆数字化建设［EB/OL］.（2019-09-17）［2022-10-10］. https://www.fx361.com/page/2019/0917/5560148.shtml.

信技术环境，为用户提供跨数据库连接的高速信息访问服务；资源共享化就是借助信息技术和网络技术，实现广泛的信息交流和资源共享。

数字图书馆在资源的数字化处理、快速精准推送、广泛交流与共享方面独具特色，在图书馆资源的使用过程中发挥了不可低估的重要作用。正因为如此，其具有以下几方面的意义。

首先，数字图书馆是对传统图书馆的解构和重建。传统图书馆的知识信息存储需要充足的存储空间和较多的人去管理，且其服务对象主要是本单位、本地区的读者，比较单一，并受时空、数量等方面的限制。服务手段也很落后，比如信息检索速度慢，达不到信息资源共享的理想效果。相比之下，数字图书馆的信息存储容量大，可以节约大量的存储空间和人力。此外，数字图书馆的信息传递速度快，且用户获取信息不受时空、数量限制，所以，以其现代化、优质、高效的服务吸引了大量读者。

其次，建设数字图书馆将促进和带动计算机技术、网络技术、多媒体技术等相关技术的发展，形成高技术产业链。数字化、信息化已成为经济发展的主要动力和未来方向，数字图书馆的建设将极大地丰富我国数字化、信息化建设内容，激发各种需求，进而推动产业的发展。

再次，数字图书馆有助于科教兴国战略实施。数字图书馆提供的远程教育服务能够在一定程度上改善我国教育资源分布不均和教育质量差异过大的情况，其个性化服务的特点不仅能够帮助学习者克服某些学习障碍，而且能够为所有公民提供受教育的可能。因此，数字图书馆对我国科教兴国战略的实施具有重要作用。

最后，借助现代设备和先进技术，图书馆数字化建设具有广阔的前景。现代图书馆可以为信息需求者带来现代的服务方式和手段，只要读者需要就可以随时随地接受在线检索、浏览、咨询、馆际互借、研讨会和其他服务。

多媒体技术、互联网技术、数字技术、大数据技术等新兴技术为数字图书馆的发展提供了更多的机遇。以多媒体技术为例，多媒体信息存储技术是图书馆理想的存储模式，多媒体检索技术是图书馆信息检索的理想方式，多媒体技术促进了图书馆的共享，甚至形成了"图书馆联盟"。因此，在现代设备和先进技术的必要支持下，数字图书馆的建设将迈上一个新的台阶。

二、图书馆资源数字化的优势

数字图书馆的馆藏资源是数字资源，所以它就相当于一个没有围墙的虚拟大学。这所虚拟大学是一个大规模的、分布式的、易于使用的知识中心，不受时间和空间的限制，可以实现跨多个数据库的无缝连接和智能搜索。与传统图书馆的资源相比，图书馆的数字化资源具有以下优势。

首先，数字图书馆的资源是数字化的，数字化的资源优势是显而易见的。数字化的资源易于访问和检索，用户可以通过图书馆配备的计算机访问系统检索一些关键词并获取大量相关信息。数字化资源也有利于远程传输，只要用户登录到网站并点击鼠标操作，就可以看到他们想要查询的信息。这种便利性是传统图书馆无法比拟的。

其次，数字化资源的存储位置是分布式的，所谓分布式，指的是按照统一的标准有效地存储和管理不同地理位置和类型的信息，这种分布式打破了传统文献存储方法的地域性和局限性，使文献信息的创建、传播、处理、存储、集成和使用更加容易。并以易于使用的方式提供给读者，超越了空间和时间的限制，使读者可以随时随地通过互联网上的数据库远程获取所需的任何信息资源，实现资源的高度共享；也正因为如此，所以不存在资源重复的问题，有效避免了数字化资源的重复建设，可以节约劳动成本和投资成本，提高资源利用率。

再次，网络是以信息技术为基础的高速数据传递系统，只传递0和1的数字，因而网络传播具有数字化特点，而数字图书馆因其资源是数字化的，因而在网络上具有强大的信息传播和发布功能，可以通过网络随时随地发布和传播各种文献资源的信息，并为使用者"引导"和"导航"，提供多媒体远程数字化信息服务。用户可以通过网络跨时空进行搜索，大大提高了信息传播速度和交流与反馈速度。

最后，图书馆的数字化资源可以满足不同用户的需求。这是因为，它的资源存储形式是声音、图像、视频等；资源存储载体是相应的各类数字设备和电子设备。数字化资源为读者检索和使用互联网上的海量信息提供了方便、快捷、智能化的服务，从而扩大了服务的深度，可以满足不同用户的需求。

三、图书馆数字化建设策略与措施

学校图书馆的数字化资源建设与学校各学科完整的馆藏体系相符合，是学校教学和科研工作顺利进行的重要保证。基于此，建设数字图书馆首先需要明确建设内涵并准确定位，了解和掌握关键技术，然后采取行之有效的具体措施。

数字图书馆的建设内涵是对图书馆的各种资源进行数字化处理、存储和传输，同时还将通过广泛的网络连接方便人们共享馆藏资源。只有馆藏资源实现数字化，才能提高资源的利用率，更好地满足使用者的需求。

在定位上，图书馆数字化建设应从规模和服务两个方面进行定位。首先，就规模而言，必须从自己的现实情况出发，充分考虑人、财、物等各方面的因素，不能求大求全。在数字化建设的同时，不应放松传统文献资源的建设，而应使传统文献资源与现代最新资源相互补充。在服务方面，要立足于为本校的教学、科研、学习服务，在满足学校师生需求的前提下，大力宣传图书馆的职能，扩大图书馆的影响力；要加强图书馆服务科学研究，拓宽开发利用途径，培养和引导用户充分、快速地利用信息资源；也要努力开发用户信息市场，为社会提供信息服务。

图书馆数字化建设必须以关键技术为支撑。如数字化文献的采集应包括购买电子出版物和获取在线资源。使用频率高的数字化文献主要通过购买或租用获得，购买或租用后可在校园网或单机上高效运行。对于使用频率较低的数字化文献，主要是获取在线使用权，如对于一些使用频率较低的国外数字化全文期刊，通过互联网获取个人全部文章的成本远低于订购期刊的成本。另一个例子是光盘网络技术。许多图书馆需要配置光盘塔，以方便校园网用户共享光盘信息。目前市场上很多光盘塔支持 TCP/IY 协议和内置光盘服务器，可以方便地实现光盘接入互联网。当然，购买或租赁光盘数据库的版权应得到保护。

图书馆数字化建设的具体措施，主要包括专业人才、馆藏布局、资源数字化和用户服务。

专业人才支持是数字图书馆建设的关键。数字图书馆工作的基本模式是人与计算机的结合，即所谓的"人机结合"。员工必须通过计算机和通信网络获得或提供信息服务。因此，图书馆工作人员不仅要具备扎实的传统图书馆学知识，还要具备计算机、网络和通信技术知识，即属于复合型人才。图书馆应积极引进计算机技术人才、档案专业人才和具有知识产权知识的工作人员，并让其各司其职，共同构建信息化管理格局。

馆藏布局应根据馆藏虚拟资源不断地进行优化。虚拟知识资源的范围也很广，不仅包括各类电子书和电子杂志，还包括音频、视频资料等，数字图书馆建设者应注意对虚拟知识资源的吸收和推广。例如，将图书《哈姆雷特》与电影版结合起来，就会让用户获得更深的认知感受。这种结合，意味着实体资源和虚拟资源之间存在相互促进和合作的关系。因此在实践中，工作人员可在实体图书上做标记或提供链接，以标示实体资源和虚拟资源之间的交互关系。

资源数字化建设应基于以下两个方面：一方面是图书馆的数字化建设应量力而行、因需制宜，不要简单地搞"小而全"或"大而全"，应该有自己的馆藏特色，而不是刻意地照搬或重复建设；另一方面是馆藏资源的数字化。这项工作包括四个具体内容：第一，根据学科的设置情况，对网站进行分析研究，然后收集信息量大、更新速度快、使用价值高的网站，对它们进行科学分类，并简要介绍网站的主要内容，从而帮助用户在最短的时间和尽可能广阔的空间内获得尽可能多的有价值的信息。这种方式是互联网上最简单、最直接的信息开发利用方式。第二，通过各种搜索引擎，查询和浏览互联网上的一个或一些主题信息，查阅相关文献，选择高价值的信息资源，然后进行汇总、组织、分类和设置类别，使一些主题信息更加集中和完整。第三，通过浏览主题树的方式，将信息资源索引按主题进行分级组织，用户可以逐级浏览，直到找到所需信息。第四，建立光盘数据库，以便读者可以轻松地直接下载。光盘数据库不仅方便了读者，而且解决了光盘频繁借阅的丢失和损坏问题，特别是一些专业图书和示例教程的图书，如果光盘丢失，这些书就会失去价值。

用户服务应个性化、专业化、现代化。个性化服务模式是指利用现代信息技术，主动获取用户的特定信息需求，然后根据用户的需要，主动地将用户需要的信息推送到用户手中。专业化服务模式包括两个方面，即服务内容的专业化和服务人员的专业化。服务内容的专业化主要要求图书馆服务具有宽、快、准、新的特点；服务人员的专业化主要要求图书馆工作人员的知识结构和能力要精细化、专业化。现代化模式主要是积极开发数字馆藏资源，建立多功能电子阅览室，提供专用数据库和开展书目检索服务、图书馆网上主页信息导航服务、数字参考咨询服务、馆际互借信息服务等。

第三节　电子阅览室功能设计与管理实践

电子阅览室是电子计算机技术在图书馆领域的应用，也可以理解为它是图书馆的一种功能拓展方式。建设电子阅览室，既向师生提供了多种媒体形式的学习资源，也提供了更多的学习方式。为此，本节讨论了电子阅览室建设的功能设计和电子阅览室的管理系统及实践案例等。

一、电子阅览室建设的功能设计

电子阅览室是另一种形式的信息资源系统，集多种电子化、数字化资源于一体，具有显著的技术特征。它的服务功能更加突出数字化、网络化、虚拟化等特征，因此在功能设计上要体现如下几项。

一是借阅、查阅功能设计。借阅功能包括光盘阅览和在线阅览，光盘阅览是阅览以光盘为代表的电子出版物，光盘类电子出版物具有存储容量大，收藏和使用方便等多个优点；在线阅览意味着读者可以在网络上自由地选择和获取信息。查阅功能包括新书查阅、联合目录查阅等服务。电子阅览室建成后，要将具有重要价值的纸质文件制作成各种媒体形式的电子资源，或购买国内外知名的电子文献资源库，以便需要这些文献的用户查阅。

二是光盘检索功能设计。光盘检索功能是电子阅览室服务的最主要功能，是使用者获取最新信息的重要途径和手段。光盘检索功能以其信息量大、检索方便快捷的特点赢得广大读者的认可。利用光盘检索功能，可以对题名、关键词、作者、机构等进行检索。检索对象有本馆自己存储的书目、期刊和全文的数据等，也有来自本馆以外的，如购置的电子出版物数据，以及交换的数据和数据库等。检索的文献包括联机的各个学科、各种文献的数据信息及联机的数字图书馆的文献信息等。

三是网上服务功能设计。网上服务方式能提供最直接的数据下载、全文信息浏览及信息的传递等，用户无论身在何地都可以浏览、查找、复制自己所需的各种信息。这种服务主要是利用多媒体阅读设备来实现，使用者还可以在终端随意选择、查阅网上各种信息，也可以利用电子阅览室的计算机终端下载、打印资料。

四是教育培训功能设计。电子阅览室要设计教育和培训功能，使其既能对用户进行教育和培训，也能适合学生自助学习。之所以对用户进行教育和培训，是因为用户的水平未必达到操作计算机、检索数据库、浏览网络等方面的要求，再加上网络资源庞杂无序，信息搜索就像大海捞针，因此对用户进行教育和培训是必要的。之所以对学生进行自助学习培训，是因为学生需要根据自己的兴趣选学相关知识，但如何选择是个问题，因此电子阅览室要设计安装与学生课程相关的课件、题库等，给学生提供课外复习巩固的机会和场所。

五是反馈功能设计。电子阅览室相当于一个交流的平台，能够方便使用者将需求直接反馈给平台管理者，从而使电子阅览室的服务更贴近实际需求，并能解决实际问题。

六是复印功能、打印功能、刻录功能的设计。电子阅览室应该向使用者提供复印、打印和刻录光盘的功能，为使用者提供更多便利的服务。

二、电子阅览室的管理系统及实践案例

电子阅览室管理系统的宗旨是为阅览室管理的信息化提供可行的解决方案，以先进的技术手段和管理理念，解决阅览室信息化管理中遇到的问题。电子阅览室管理系统能够解决跨校区、跨图书馆大小电子阅览室上机计费、资源管理、网络监控等问题，也能够动态、实时、高效地管理监控电子阅览室的人、财、物，以及数字图书、设备等资源。

电子阅览室与传统的书刊阅览室有许多不同，无论是设备、资源还是服务内容和服务方式，二者都有很大差别，所以对于电子阅览室的管理人员来说，其管理内容和手段上的要求更高。目前已经出现了很多电子阅览室，尽管各家的服务质量不尽相同，但在收费管理、设备管理、资源控制、读者管理等方面都不敢忽视，因为这些方面是电子阅览室管理的核心内容。事实上，电子阅览室的管理不仅需要技术的支持，也需要一定的设备和资源作为基础，此外还应该了解那些已经掌握了高新技术的读者。为了提高电子阅览室的管理效率，电子阅览室应该引入先进的管理理念和必要的管理软件，这一点现在已成共识。

事实上，许多学校已经意识到电子阅览室管理的重要性，所以目前全国绝大多数学校不仅建设了电子阅览室，还在逐步建立健全管理系统。此外还有企业研发出来的电子阅览室管理工具。这些都是电子阅览室管理系统方面的成功实践。下面简单介绍一下河北科曼和博思特两家公司研发的电子阅览室管理工具。

河北科曼电子阅览室管理系统是基于 TCP/IP 协议开发的网络软件，它基于学校现有的网络平台，不需要重新布线无需其他硬件支持，可以在有校园网所及的地方实现对电子阅览室的统一管理。该系统采用智能化的导航设计，

界面简洁、功能齐全、稳定易用，充分实现了人、财、物、资源、活动的实时、便捷、高效管理。该系统由管理计算机、读卡器、终端计算机、管理软件等组成。学生在电子阅览室的读卡器上刷卡，系统自动为学生分配终端计算机并开始计时（扣费），当学生离开时，他们在读卡器上刷卡，系统停止计时（扣费）。该系统功能强大，可实现对管理员和学生的权限设定与管理，对账务管理和上机收入管理，电子阅览室计算机、打印机等相关设备设施的管理，互联网资源和数字图书的管理，以及日常工作的管理和监督。其具体功能包括教学排课管理、上机管理、账务管理、设备管理、查询统计管理及远程监控等。

博思特电子阅览室管理系统是专门为校园电子阅览室信息管理推出的一款管理工具，主要解决跨校区、跨图书馆大小电子阅览室上机计费，资源管理，网络监控等问题。该系统信息记录安全、准确，能够很好地解决跨校区、跨图书馆的问题，是各大高校电子阅览室信息化管理的好帮手。最新版的博思特电子阅览室管理系统则主要应用于中小学电子阅览室的事务管理，可以有效地管理电子阅览室的工作人员、财务、电子图书资源、物品、电子设备以及网络等，还可以连接监控设备，实时监控阅览室状况。新版系统的功能特色是：软件界面简洁，操作简单易上手；智能化导航设计，对新手具有引导作用；对管理员和学生的信息进行系统化管理；管理电子阅览室的物品；对所有电子图书进行管理；处理日常工作事务；可以连接监控设备。

第四节　网络期刊的作用及发展路径

网络期刊也叫电子出版物、网上出版物。广义地说，任何以电子形式存在的期刊都可以称为网络期刊，包括可以通过网络检索的期刊和以CD-ROM形式发行的期刊。网络期刊是一种很好的媒体表现形式，它结合了平面和网络的特点，将图像、文字、声音、视频和游戏等进行动态组合并呈现给读者，此外还有及时互动和超链接等网络元素，是一种非常愉快的阅读方式。

目前，网络期刊的发展还处在初级阶段，但是，从互联网的应用以及学术信息交流的发展趋势来看，网络期刊在科学交流中必将发挥越来越重要的作用。加强网络期刊的建设，促进期刊网络化的发展，是完善整个科学交流体系的必然要求。[①]

本节讨论了我国网络期刊的类型、作用及发展路径，并列举国内外部分远程教育期刊名称，希望对我国期刊的网络化有所助力。

一、我国网络期刊的类型与作用

我国网络期刊的发行方式，大多数是将纸质期刊做数字化处理后，以电子邮件为传送方式在互联网上发布。网络期刊是通过网络渠道进行投稿、编辑出版、发行、订购、阅读、读者意见反馈等，全程均处于网络环境。据此，

[①] 谢新洲，万猛，柯贤能.网络期刊的发展及其评价研究［J］.出版科学，2009（1）：23-29.

我国网络期刊可以分为以下三种类型。

一是期刊社自己开发有自主版权的网络期刊，这类期刊有自主版权，期刊的编辑、发行和传播都是借助网络进行的。

二是由主办单位网站或其他合作网络实现上网的期刊。

三是通过期刊权威信息机构如中国期刊网、万方数字化期刊群等构代理上网的期刊。这些权威信息机构有一套已经成熟的体系与流程，可以做期刊上网代理业务。

网络期刊在新理论、新技术的快速传播、应用和普及的过程中可谓功不可没。网络期刊的功能和作用是多方面的，具体来说有以下几点。

一是网络期刊可以嫁接多媒体。在多媒体技术的支持下，网络期刊具有很好的动态效果，影像声音动画的插入，其丰富性、生动性、活泼性颇为明显，而且实现了制作或订阅特殊化。网络期刊的稿件来源，跨越了时间和空间限制，作者、出版者、用户之间的联系更加密切与直接，论文作者可以异地提交稿件，和期刊编辑商榷，用户可以在线订阅。

二是与印刷期刊相比，网络期刊具有更强大的文章检索功能。网络期刊有专业性很强的网络检索工具，并且可以与其他数据库联机，读者运用网络期刊的检索方法有很多，可以获取不受时间和空间限制的参考资源、软件目录、研究项目信息、学术动态、相关学术站点等网络期刊资源。

三是网络期刊建立了网络电子资源导航系统。随着网络期刊的日益增多，通过建立局域网、专业网，实现编辑部网站之间的链接，可以实现更大范围的资源共享。

四是网络期刊成本低、传播快。网络期刊从媒体平面刊物的角度来看，它有自己的网页和网站，不需要复杂而漫长的传统印刷过程，制作生产过程比传统的报纸和杂志更精细、更准确、更快捷。网络期刊出版周期短，稿件的交付、编辑、分发、订阅和阅读的整个过程都在网络上完成,无纸化操作简化了印刷、发行等环节。从收稿到被阅读,一些网络期刊可以在短时间内发布到校园网、区域网、国家网和全球网,直接传递至手机等用户终端设备,其传播速度惊人,从而可以在更大范围达到资源共享的目的。

二、我国网络期刊的发展路径

我国网络期刊要想取得更大发展,要因地制宜地建设网站以改善编辑环境,要拓宽发行渠道,要建立完善的网络期刊著作权法律制度,还应该充分利用数字化、网络化手段,以更快更好地提高工作效率。

编辑环境对网络期刊的发展至关重要。为了改善编辑环境,要因地制宜地建设网站,使网站成为网络期刊的信息发布、品牌推广和读者服务的综合平台。事实上,一个好的主题网站可以承载更多的信息内容和媒体形式,如建立有助于期刊文章发布的信息网站、建立能够提供查询检索服务的互动网站、建立能够为读者提供在线投稿和在线编辑服务的商务网站等。这些主题网站是围绕一个或多个主题设计和开发的,旨在为公众提供更多的获取信息的机会。主题网站因主题鲜明而拥有特定的网民群体,访问量容易上升。因地制宜地建设一个好的网站,要做好以下工作:第一,努力提高网站建设水平,加快从低级阶段向高级阶段转变;第二,拓展专题网站登录模式,降低公共互联网接入成本和门槛;第三,加强对公众个人信息的保护措施,提高公众对网站的信任度;第四,丰富内容,完善功能,提高公众使用专题网站的积极性;第五,加强网站宣传,树立网站品牌意识。

拓宽发行渠道对网络期刊的发展来说是必需的,拓宽发行渠道不仅可以增加发行量,更重要的是有助于维护期刊形象。第一,要全力巩固和扩大原有渠道的读者群体，并注重确保期刊的权威性；第二，对于网络期刊的内容的选择和开发，要打开思路，做到内容正向且丰富，表现形式灵活，以适应网络读者的阅读；第三，要建立健全的相应机制，让期刊可以直接完成在线订购和交易，为此也可以和其他适合网络应用的载体联手。

数字化是网络期刊发展的必要手段。数字化是网络化的前提，只有将期刊的载体和内容进行数字化处理，才能顺利实现快速、广泛的网络传播。数字化处理的具体工作主要由期刊编辑来承担，作为网络期刊编辑人员，要求做到以下几点：第一，一定要树立新的网络观念，提高网络意识和能力，要成为合格的、能够胜任网络期刊编辑工作的编辑；第二，要更多地利用信息技术，为网络期刊选择最佳的信息转换模式，将纸质期刊转化成为电子书等网络期刊形式，对期刊承载的内容进行加工、存储、传送、还原等数字化处理，注重实现期刊内容的标准化，尽快将现有的期刊工作模式转变为适合网络传播的期刊编辑工作模式。

三、国内外部分网络教育期刊名称

（一）国内网络教育期刊名称

《中国远程教育》《开放教育研究》《远程教育杂志》《现代远距离教育》《现代远程教育研究》《现代教育技术》《中国电化教育》《电化教育研究》《中小学教师远程教育》《网络教育研究杂志》《教育技术通讯》《空中教学论丛》《远距教育》《隔空教育论丛》《中国信息技术教育》《教育技术研究》《教育技术期刊》《电教世界》《教育信息技术》《北京电化教育》《江苏电化教育》《湖南电教》《天津电教》《上海电教》《湖北电化教育》《内蒙古电化教育》《中国

教育技术装备》《中小学电教》《网络科技时代》《教育传播与技术》《中国现代教育装备》。

(二)国外网络教育期刊名称

美国《成人教育季刊》(Adult Education Quarterly)、美国《教育技术评论》(Educational Technology Review)、美国《互联网与高等教育》(Internet and Higher Education)、美国《异步学习网》(Journal of Asynchronous Learning Networks)、美国《远程教育管理》(Journal of Distance Education Administration)、美国《交互学习研究》(Journal of Interactive Learning Research)、美国《远程教育图书馆服务研究》(Journal of Library Services for Distance Education)、美国《在线学习与技术》(Journal of On-line Learning and Technology)、美国《成人教育新视野》(New Horizons in Adult Education)、美国《美国远程教育研究》(American Journal of Distance Education)、美国《亚洲远程教育研究》(Asian Journal of Distance Education)、澳大利亚《澳大利亚教育技术研究》(Australasian Journal of Educational Technology)、澳大利亚《继续教育研究》(Studies in Continuing Education)、澳大利亚《国际教育媒体》(Educational Media International)、澳大利亚《远程教育》(Distance Education)、澳大利亚《教学科学与技术电子学刊》(E-Journal of Instructional Science and Technology)、加拿大《远程教育研究》(Journal of Distance Education)、新西兰《远程学习》(Journal of Distance Learning)、印度《印度开放学习》(Indian Journal of Open learning)、印度《卡卡蒂亚远程教育》(Kakatiya Journal of Distance Education)、马来西亚《马来西亚远程教育》(Malaysian Journal of Distance Education)、土耳其《远程教育在线杂志》(Online Journal of Distance Education)、挪威《开放实践》(Open Praxis)、巴

基斯坦《巴基斯坦远程教育》(*Pakistan Journal of Distance Education*)、英国《成人学习》(*Adults Learning*)、英国《教育中的交互媒体》(*Journal of Interactive Media in Education*)、英国《开放学习》(*Open Learning*)、英国《教育与信息技术》(*Education and Information Technologies*)。

第五节　多媒体电子书的内容及系统设计

多媒体电子书就是运用数字技术制作的电子书。多媒体的意思是多种媒体的综合，其形式一般包括文本、声音和图像等。运用多媒体技术制作的电子书就是一种阅读器，它能将经过数字化处理的文本、声音和图像等内容存储并显示出来，其常用文件格式有PDF、EXE、CHM、UMD、PDG、JAR、PDB、TXT、BRM等多种。为了进一步了解多媒体电子书，本节介绍了多媒体电子书的数字内容，分析了多媒体教学及其系统设计方法，还讨论了EPUB多媒体电子书的制作方法。

一、多媒体电子书的数字内容

多媒体电子书的运营成本几乎为零，并且只需要存储在服务器里，而不是仓库的货架上。这是多媒体电子书商业价值的背后奥秘，也正因为如此，不管是硬件制造商、网络运营商、内容服务商都看到了出版和发行电子书的巨大市场。事实上，这些企业瞄准的最大利润来源并非多媒体电子书硬件本身，而是运行于硬件上的服务和内容。多媒体电子书TXT、PDF、PDB、EXE、CHM、UMD等常用文件格式所呈现的数字内容主要有视频、音频和文本三种形式。

数字视频就是先用视频设备如摄像机等捕捉外界影像，然后再将这些影像的颜色和亮度信息转变为以电压、电流、电磁波等为载体的电信号，最后记录到存储介质上。数字视频的特点是便于存储和通信，便于处理和加密，无噪声积累，差错可控制，可进行压缩编码，便于设备小型化，信噪比高，稳定可靠，交互能力强，且再现性好，直观鲜明，特别适合有操作演示的内容，比如一些技能课程或者赏析课程。

数字视频的缺陷是处理速度慢，所需的数据存储空间大，从而使数字图像的处理成本增高。比如，对于一些需要深度理解的文字内容，如果在视频中以字幕形式出现，就需要在观看时暂停，这样体验不是很好。而且对于很多不会视频剪辑的人来说，花费的时间成本可能较高。不过，通过对数字视频的压缩，可以节省大量的存储空间，光盘技术的应用也使得大量视频信息的存储成为可能。

数字音频就是利用数字化技术手段对声音进行数字化处理，使声音具有录制、存放、编辑、压缩或播放等功能。经过数字化处理的声音其存储非常方便，存储成本低廉，而且存储和传输的过程中不会出现声音失真的情况。数字音频解放了双眼，可以使人沉浸其中，特别适合一些赏析类、故事类或者思想类的内容。

因为目前扬声器只能接受模拟音频信号，所以数字音频除了针对扬声器的接口以外，其信号都是以数字信号的方式进行处理；对于模拟音频信号，必须转化成数字信号后才能进行处理。总的来说，数字音频的缺点是无法生动呈现需要操作演示的内容。

数字文本其实就是文字版的多媒体电子书。例如，谷歌使用能识别数字图像的光学字符识别软件来识别文本的字、词、句和段落，从而使纸质书页的文字转化成了数据化文本。数字文本能让人深度思考，激发人的想象力。通过检索和查询，我们可以对数据化文本进行无穷无尽的分析，也可以揭示一个词及词组第一次出现的时间及其成为流行词的时间，据此发现人类思维发展和思想传播的轨迹。

由于谁都可以进行文字的数字化处理，所以数字文本不具备唯一性，因而保密性差；并且文字有多义的情况，准确性也显得不够。正因为如此，数字文本的缺点是无法准确、生动地展示需要操作演示的内容。

二、多媒体教学及其系统设计方法

常见的教学媒体按媒体作用于人的不同感官可以分为听觉媒体、视觉媒体、触觉媒体和视听媒体。其中，听觉媒体有唱机、收音机、录音机等；视觉媒体有图书、报刊、幻灯机等；触觉媒体有实物、标本、实验仪器等；视听媒体有电视机、录像机、计算机等。将各种教学媒体优化组合，充分发挥各种媒体的优势，就是多媒体教学。

多媒体教学就是教师根据教学目标和教学对象的特点，通过多种媒体的形式将教学内容传递给学习者，以达到优化教学过程提升教学效果的目的。与普通教学模式相比，多媒体教学模式的优势主要体现在这几个方面：首先，多媒体教学过程中的演示课件，让授课方式变得更为方便和快捷，不仅节省了教师授课时的板书时间，提高了教学效率，也提高了学生的学习效率；其次，多媒体教学过程中的文字、图片、动画和视频等资料的综合应用，尤其是图片、动画和视频的运用，使教学活动变得更为直观、形象；再次，多媒体教学时教师通过制作多媒体课件，不仅可以将大量的教学内容展示给学生，还可以通过网络更新来丰富教学资料，使教学资源更具前沿性、时代性；最后，在多媒体教学模式下，课堂气氛更生动、活泼、有趣，并极具真实性和启发性，从而改变了传统教学的单调、枯燥之弊，有利于激发学生的学习兴趣，也有助于活跃学生的思维。

多媒体教学需要多媒体计算机系统的支持。一个完整的多媒体计算机系统是由作为硬件的计算机主机及配套设备和作为软件的多媒体操作系统及其他多媒体工具软件这两个部分组成的,所以进行多媒体教学系统的设计时,设计人员就要从这两个方面着手进行设计。下面笔者主要说一说多媒体教学软件的设计与制作过程。

多媒体教学软件的设计包括两部分:软件教学设计和软件系统设计。

软件教学设计涉及教学的目标和内容研究、学习者特征分析、媒体选择、知识结构的设计等内容。

教学目标和教学内容由从事教学实践的学科教师根据教学实际需要来确定。学科教师应首先了解教学内容的重点和难点,然后分析确定学习内容和教学目标,考虑学习者的特点和社会需求,最后将每个知识点的教学确定为理解、应用、分析、综合和评价等不同层次的目标[1]。

学习者的特征需要分析,以了解学习者的学习准备和个体特征,以此作为后续教学设计工作的重要依据。它包括初始能力的估计和一般特征的识别。"初始能力"指的是学习者在学习特定学科内容时已经具备的相关知识和技能的基础,以及他们对相关学习内容的理解和态度。"一般特征"指的是影响学习者参与学习的心理、生理和社会特征,包括年龄、性别、认知成熟度、生活经历、文化背景、学习动机和个人学习期望[2]。

媒体信息的选择应首先明确媒体的使用目标是什么,然后通过分析各种媒体类型的特点,根据教学目标和内容的需要,选择能够实现媒体使用目标的各种媒体。媒体使用的目的一般包括:提供有关科学现象、形式、结构或历史材料和文献的客观真实的事实;提供相关图片、动画、活动场所等,讲解故事情节,展示具体场景;提供一系列标准的行为,如语言、动作和技能,

---

[1] 崔杰.多媒体教学系统设计的方法 [J].信息教研周刊,2013(9):2.
[2] 崔杰.多媒体教学系统设计的方法 [J].信息教研周刊,2013(9):2.

供学生模仿和学习；提供典型事物运行、成长和发展的完整过程，并解释其特点和规律；提供典型的现象和过程，让学生通过设置问题来探索和发现。确定媒体使用目标后，要分析各种媒体类型的特征，如文本、图像、动画、音视频等。

知识结构是指知识之间的关系和联系的形式，通常分为并行结构、层次结构和网状结构等。知识结构的设计，要反映知识内容之间的关系，要体现科学教学规律及知识结构的功能。

软件的教学设计保证了多媒体教学软件的教学性和科学性要求。下一步是如何在计算机和网络上灵活地表达这些知识内容，这就需要多媒体教学软件的系统设计。

软件教学设计包括结构与功能设计、屏幕设计、导航策略设计和屏幕界面设计。其中，结构与功能设计是多媒体教学软件中各部分教学内容的关系和表现形式，它反映了教学软件的主要框架和教学功能；屏幕设计主要是先确定屏幕的基本内容，然后规划屏幕布局；导航策略设计实际上是教学策略的体现，即避免学习者偏离教学目标，引导学习者有效学习，提高学习效率；屏幕界面设计指的是呈现在学习者面前的终端界面，是学习者与多媒体软件之间传递信息的媒介。

上述两项设计工作完成后，要在此基础上编写相应的脚本，作为制作软件的直接依据。由于多媒体教学软件的设计主要包括软件教学设计和软件系统设计，所以脚本的内容主要是文本脚本和制作脚本。脚本是反映教学软件体系结构和教学功能的一种形式，是软件制作的直接基础，主要包括软件系统结构描述、主模块分析、屏幕设计、链接关系描述等。

三、EPUB 多媒体电子书的制作方法

前面介绍了多媒体电子书的数字内容，分析了多媒体教学系统设计方法。那有没有一种方法，可以将多媒体教学系统设计落到实处呢？有，这就是 EPUB 多媒体电子书。EPUB 是一种电子书格式，它支持插入视频、音频、图像、文字等内容，能给人以更丰富的信息获取体验。这样在阅读的时候，我们就可以播放视频、音频和图片，还能细细品读文字。就可以发挥不同媒体的优势，给人以最好的体验。对于内容创作者来说，这是一个非常好的产品形式，做好电子书，直接售卖即可。那如何制作 EPUB 多媒体电子书呢？

事实上，有很多软件可以作为 EPUB 多媒体电子书的制作工具，例如，CyberArticle（网文快捕）就是一款操作比较简单的 EPUB 多媒体电子书软件。运用 CyberArticle 软件制作简单电子书，首先要安装软件，准备好电子书文本素材，然后就可以开始制作电子书了。其步骤和方法包括运行、导入电子图书素材文件、生成电子书三个主要环节。

再如，还可以利用 eBook Workshop（e 书工场）软件制作精美的电子书。精美的电子书是在普通的电子书中加入背景图画、插图及音乐等多媒体素材，使得电子书美观大方，更能激发读者的阅读兴趣。使用这款软件制作电子书需要与软景 HTML 制造机相互配合，制作步骤相对复杂。包括先准备制作电子书的文本、图片及音乐素材，然后转换记事本文档格式，接着在电子书中插入图片和声音，最后生成电子书这样几个环节。

当然，除了 CyberArticle 和 eBook Workshop，还有 Pages、Sigil 等软件，以及文本编辑器 Sublime Text、Notepad++ 等，相信这些工具能对多媒体电子书制作人员有所帮助。

参考文献

一、图书类

[1] 梁斌,罗胜涛.网络教育资源开发技术[M].北京:国防工业出版社,2015.

[2] 王延觉.回顾 展望:教育资源建设与共享[M].北京:中央广播电视大学出版社,2012.

[3] 何向阳.Web 2.0环境下教育信息资源建设与利用模式变革[M].北京:科学出版社,2016.

[4] 杨现民,王娟,魏雪峰.互联网+教育:学习资源建设与发展[M].北京:电子工业出版社,2017.

[5] 卢志强.浅谈网络教育与学生学习效率的提高[M].北京:中国教育出版社,2008.

[6] 余胜泉,吴娟.信息技术与课程整合:网络时代的教学模式与方法[M].上海教育出版社,2005:16.

[7] 顾明远.教育大辞典[M].上海:上海教育出版社,1992:10.

二、期刊类

［1］程业刚.职业院校数字化资源建设及教学应用［J］.教育界：教师培训，2018（4）：44-45.

［2］崔杰.多媒体教学系统设计的方法［J］.信息教研周刊，2013（9）:2.

［3］李更良，朱树金.数字化教育信息资源共建共享机制研究［J］.软件导刊(教育技术)，2009（7）：4.

［4］李静.构造基于语义的信息检索框架［J］.电子世界.2012（8）：2.

［5］李力.论21世纪学习环境的走向：从实到虚［J］.现代远距离教育，1999（3）：18-21.

［6］刘明国.语义网应用研究的文献计量学分析［J］.图书馆界，2012(3)：86-88.

［7］刘清堂，黄景修，吴林静，等.基于语义网的教育应用研究现状分析［J］.现代远距离教育，2015（1）：60-65.

［8］刘三女牙，杨宗凯，李卿.教育数据伦理：大数据时代教育的新挑战［J］.教育研究，2017（4）：6.

［9］马煜.物联网技术在智慧校园中的应用研究［J］.西部皮革，2017（12）：8.

［10］王成财，谢娅娅.基于物联网的智慧校园建设与发展研究［J］.信息通信，2018（11）：190-191.

［11］王国鑫，王瑞锋，尹秀兰."互联网+"高职教育存在的问题及对策［J］.职业，2018（5）：2.

［12］王萍.基于社会化语义网的网络学习初探［J］.中国远程教育，2011（3）：73-77.

［13］谢新洲，万猛，柯贤能.网络期刊的发展及其评价研究［J］.出版科学，2009（1）：23-29.

［14］邢启昊."互联网+"时代教育资源建设新模式探析［J］.科技资讯，2022（8）：3.

［15］于南飞.云计算在智慧校园建设中的应用研究与分析［J］.科技风，2017（8）：100.

［16］余燕芳，葛正鹏.终身学习平台建设的理念与架构：从Web 2.0到Web 3.0［J］.电化教育研究，2014（8）：57-63.

［17］张广雯.云计算对高校教育信息化建设的影响［J］.中国化工贸易，2013（3）：1.

三、报刊类

［1］梁静.银川将进一步加快虚拟实验教学应用［N］.华兴时报，2021-04-20（6）.

四、网络文章类

［1］Daley S.教育区块链应用案例【2019】［EB/OL］.（2019-11-18）［2022-10-10］.http://blog.hubwiz.com/2019/11/18/education-blockchain/.

［2］孔洁，刘杨.数据挖掘技术分析［EB/OL］.（2017-12-15）［2022-10-10］.https://www.fx361.com/page/2017/1215/2573575.shtml.

［3］刘争.图书馆数字化建设［EB/OL］.（2019-09-17）［2022-10-10］.https://www.fx361.com/page/2019/0917/5560148.shtml.

五、政策、法规以及权威机构研究报告

［1］教育部.教育信息化十年发展规划（2011—2020年）［EB/OL］.(2012-03-13)［2022-09-01］.http://www.moe.gov.cn/ewebeditor/uploadfile/2012/03/29/20120329140800968.doc.

［2］教育部.高校思想政治工作质量提升工程实施纲要［EB/OL］.(2017-12-22)［2022-09-01］.https://cque.edu.cn/info/1306/13141.htm.

［3］国务院.国家中长期教育改革和发展规划纲要（2010—2020年）［EB/OL］.(2010-07-29)［2022-09-01］.http://www.moe.gov.cn/srcsite/A01/s7048/201007/t20100729_171904.html.

［4］教育部.教育部机关及直属事业单位教育数据管理办法［EB/OL］.(2018-01-22)［2022-09-01］.https://www.csdp.edu.cn/article/3593.html.

［5］教育部，国家统计局，财政部.关于2020年全国教育经费执行情况统计公告［EB/OL］.(2021-11-16)［2022-09-01］.http://www.moe.gov.cn/srcsite/A05/s3040/202111/t20211130_583343.html.

［6］最高人民法院.最高人民法院关于审理著作权民事纠纷案件适用法律若干问题的解释［EB/OL］.（2002-10-12）［2022-10-10］.https://enipc.court.gov.cn/zh-cn/news/view-408.html.

［7］工业和信息化部.中国区块链技术和应用发展白皮书（2016）［EB/OL］.（2016-10-08）［2022-10-10］.https://www.xdyanbao.com/doc/i1k4ggmk61?bd_vid=10706713124986309363.

［8］国家现代远程教育资源库.国家现代远程教育资源库资源建设规范［EB/OL］.（2006-11-30）［2022-10-10］.https://max.book118.com/html/2021/0331/6053115152003131.shtm.

后　记

　　今天是星期天，日历的颜色全纸满红，可谓"红日子"。数十天来，大家在一起共同创作，过程中或头脑风暴、相互激励，或坐定案头、手指频敲。随着一行行、一页页文字排满 Word 文档，书稿终于完成。

　　书稿杀青之际，有好多话想说。最想说的，还是感谢：感谢帮助我完成书稿的几位中学老师，是他们再一次让我感受到友情的珍贵，也让我体验到联手做一件事的酣畅淋漓！感谢书中文字，让我和老师们都存留了弥足珍贵的记忆，也预示着未来的合作方向！感谢我的爱人的支持，她永远是人间最优美、最动人的诗篇！感谢所有阅读本书的读者，祝你们事业上一帆风顺，生活上幸福温润、诗意盈怀。

　　在此我还要说的是，互联网教育资源建设是一项系统工程，需要政府、学校及教师和学生，乃至企业和全社会的共同参与、合力共建。只有这样，才能打造出真正优质的教育教学资源，也才能实现真正意义上的资源共享。教育教学资源有其专业上的特殊性，所以作为教育领域的主体，尤其是教师应发挥自身的主观能动性和积极性，认真整理自己的教学案例，总结教学经验，提出有益建议，不遗余力地为这项工程做出应有的贡献。

　　教育是国之大计。大家共同参与建设互联网教育资源这项伟大事业，必将为中华民族的伟大复兴撑起一片人才济济的蓝天！